CARTAS PARA ESPERANÇA

CART

ESPE

AS PARA

ANÇA

SUMÁRIO

PRE-FÁCIO

No contrafluxo da narrativa racista que celebra a princesa branca como a responsável por assinar com letras douradas o fim da escravidão no Brasil, a carta-petição de Esperança Garcia é correnteza que reorienta o rumo das turbulentas águas da história nacional e faz emergir a fertilidade das negras raízes-mulheres que sustentam a nossa caminhada ancestral pela liberdade.

O documento assinado por Esperança Garcia em 6 de setembro de 1770 não apenas denuncia e reclama direitos para as crianças, mulheres e famílias inseridas naquele contexto escravista, como também exemplifica as múltiplas e criativas formas pelas quais mulheres negras potencializaram o uso de suas vozes como ferramenta para forjar, nos seus próprios termos, espaços coletivos de autonomia, liberdade e bem viver.

Hoje, mais de dois séculos após o assentamento de palavras feito por Esperança, o poder da sua escrita-mandinga é celebrado pela Flup através do projeto "Cartas para Esperança". A carta de Esperança Garcia e as cartas que compõem este livro se enredam no trançado não linear entre passado, presente e futuro, integrando-se ao legado de oferendas epistêmicas que compõem nosso patrimônio ancestral afro-brasileiro.

A leitura dos escritos aqui reunidos é uma travessia guiada pela polifonia de memórias-mulheres que enunciam o direito de viver, sentir e narrar as nossas próprias histórias diaspóricas. Se a sabedoria Iorubá ensina que "Exu matou um pássaro ontem com uma pedra que só jogou hoje", cada palavra aqui lançada é flecha certeira que mira o infinito do tempo e desamordaça linhagens de mulheres nossas. Nesta gira de palavras libertas, dançam Esperanças, Marias, Xicas e tantas mais que seguem gestando outros mundos possíveis, partejando esperança, amor e liberdade.

Gabriela Barretto de Sá

Mulher negra, filha das águas mansas do mar da Ribeira (Salvador-Bahia). Doutora em Direito pela Universidade de Brasília e professora do curso de Direito da Universidade do Estado da Bahia, Campus III. Desenvolve pesquisas em História do Direito, História Social da Escravidão, Feminismos Negros e Diáspora em Améfrica. É autora do livro *A negação da liberdade: direito e escravização ilegal no Brasil oitocentista (1835-1874)*, publicado em 2019 pela editora Letramento/Casa do Direito.

com ESPERANÇA o meu CORAÇÃO

Querida Esperança,

Peço licença pra chamá-la de querida, afinal, você está num patamar de grande valor; sua luta e a de outras mulheres pretas colaboraram para que pudéssemos ter, hoje, pequenas vantagens (não privilégios), nos colocando num lugar melhor do que em sua época, quando manifestou a amarga violência que você e seu filho foram obrigados a viver. Minha carta é um agradecimento por ter me inspirado a escrevê-la e, em outros momentos, escrever sobre a sociedade.

Nunca me considerei militante. Geralmente não vou protestar nas ruas, mas hoje sou uma conhecedora do que foi a escravidão neste país. As escolas não nos ensinam de verdade o que aconteceu; sabemos superficialmente e, por isso, quero te contar minha história. Quero te contar quanto tempo demorei pra abraçar a luta das mulheres negras, quanto tempo levei pra entender que o racismo é um mal enraizado no Brasil, que vem matando tantos de nós (homens e mulheres). Quanto tempo levei pra entender que posso contribuir com a luta contra o racismo e por direitos iguais usando a minha escrita, assim como você.

Talvez por ter convivido em ambientes pretos em que me sentia segura, eu não tenha percebido o quanto o racismo corrói. Durante o ensino médio, estudei em escolas públicas, nas quais mais de 90% dos alunos eram negros e não brancos, e os poucos brancos eram pobres. Não compreendia que meus colegas queriam apenas uma oportunidade para ter uma formação mínima, mas não tinham expectativa de que pudessem chegar a lugares como uma faculdade. Hoje penso melhor sobre isso e vejo que, dos trinta alunos que se formaram comigo, apenas quatro fizeram a faculdade.

Foi na faculdade que o racismo começou a se aproximar ou que tomei consciência do quanto me afetava. Mesmo 70% dos alunos sendo negros ou não brancos, bolsistas do ProUni e de outros programas criados para facilitar o ingresso de pobres e pretos no ensino superior. Os funcionários também eram negros, mas os professores eram brancos. Percebi que essa maioria branca era um reflexo da sociedade e do que vivi no ensino médio: os jovens negros não tinham expectativa de ir além. Veja, estou falando de expectativa e não de vontade. Todos aspiravam uma vida melhor, ter uma formação superior, mas o racismo não permitia.

Depois da faculdade, conquistei um espaço muito importante no mercado audiovisual, onde trabalho atualmente. Mas nunca foi fácil, pois foi aí que o racismo começou a machucar. Na maioria dos lugares que eu frequentava, não havia negros ou, quando havia, era uma minoria inferior a 10%.

Como muitas mulheres negras, usei cabelos alisados até a vida adulta (trinta anos), não conhecia meu cabelo e morria de medo do que poderia me esperar se abandonasse os artifícios que o deixavam liso como o das pessoas brancas. Então, havia algum tipo de aceitabilidade em minha presença: eu andava com pessoas brancas, não discutia a pauta do racismo (mesmo vivendo na pele), e não falava dos meus sentimentos sobre o racismo velado que vivia nos ambientes, como não ser apresentada a alguém apesar de estar no mesmo grupo. Sempre foram situações bem sutis que permaneceram quando assumi meu cabelo natural, mas, afinal, é preciso me aceitar: tenho a competência e a inteligência que o mercado precisa, tenho conhecimentos sobre o mercado que menos de 80% das pessoas têm. Sim, exalto minhas qualidades sem nenhum pudor de parecer orgulhosa. Sou orgulhosa. Tenho orgulho de quem sou e de onde cheguei por mérito.

Keyti Souza

Salvador / Bahia

Olá, querida Esperança!

Venho aqui inspirada em sua memória, narrativa de indignação, na coragem de resistir e denunciar a crueldade e o autoritarismo.

Escrevo-te como amigas confidentes, que vibram juntas pelos sonhos realizados. Chamo-me Gilda Portella, descobri-me escritora na pandemia da Covid-19. Desejo narrar as condições de vida dos negros; moro em Mato Grosso e, apesar dos avanços tecnológicos, muitas dificuldades atrasam o povo preto.

Vou contar-te as novidades: sua carta ao governador denunciando os maus-tratos que você, suas companheiras e seus filhos sofriam – por estar longe do marido, não confessar e não poder batizar a filha – foi considerada a primeira petição de uma mulher. Ganhaste o título de primeira mulher advogada no Piauí. Criaste um marco na luta por Direitos Humanos e resistência negra. Em sua homenagem, 6 de setembro é o Dia da Consciência Negra no Piauí. Seu nome, Esperança, está na Maternidade em Nazaré, no Memorial em Teresina e no auditório de uma faculdade de Direito. Sua história é memória viva, é parte da construção identitária do povo negro.

Estamos no século XXI, é alto o índice de mulheres negras assassinadas, é grande o número de jovens negros mortos, e a grande maioria da população encarcerada é preta. Pasme, Esperança. Apesar de passados dois séculos e meio, algo nos imanta: o sofrimento e prazer, medo e coragem são entrelaçados por ousadia e resistência.

Se estivesse aqui, estaria clamando pelos nossos, pois hoje as trovoadas de pancadas são seguidas de rajadas de vento dos fuzis e metralhadoras. O cinzento céu está carregado por nuvens formadas pela evaporação das águas-lágrimas que correram dos rostos das mães negras que choram por seus maridos, irmãos e filhos assassinados ou presos. A evaporação da bolsa d'água forma as nuvens, e essas são realimentadas por mar-aminióticos que escorrem pelas pretas pernas sem direito a parto com acolhimento e afeto; o ar quente da atmosfera é aquecido nos embates ideológicos nos tribunais, que são plenos de pensamentos retrógrados e corruptos.

As precipitações são intensas no segmento religioso, com ramificações neopentecostais aliadas a milicianos; as movimentações no

Congresso Nacional e Senado Federal ocasionam raios e trovões. As chuvas são carregadas de águas antidemocráticas, racistas, patriarcais e misóginas. A imprensa foi inundada por incertezas e sanções.

As cerrações tornam as relações humanas frias, tais as grades dos sanatórios e presídios; a presença dos pretos em determinados setores os deixa coisificados. A névoa da necropolítica envolve todas as estruturas, sobram-nos pequenas brechas; esperançar escrevendo é um caminho de resistir e aquecer corações.

Esperança, você reacendeu em mim o desejo de escrever. Mostrou-me que é possível dar visibilidade a personagens silenciados; sinto-me acolhida na sua narrativa.

Sinto as marcas da psicopedagogia do esperançar, no Quilombo Mutuca, pois as práticas culturais e socioeducacionais promovem a defesa dos Direitos Humanos as ações da comunidade são repletas de amorosidade e resistência, de alegria e respeito à diversidade, de singularidades no sonhar e insurgir.

Esperança renasce em Laura Silva, líder quilombola que defende o território, as práticas de saber e fazer ancestrais, encoraja os jovens quilombolas a realizarem práticas baseadas em pautas feministas e antirracistas. As experiências de esperançar são criativas, conjugam-se no presente e plural.

Com carinho e gratidão pelo direito de sonhar,

Gilda Portella

Cuiabá / MT

Esperança,

Tem algo de ti nas minhas linhas tortas, nas minhas mãos cansadas após um longo dia de trabalho. Tem no que digo e também no que não posso dizer. Também nesta tinta borrada, nas manchas que as lágrimas desenham na folha. Tem algo de ti na minha vontade de chorar.

Tem algo de ti no que quero contar nesta carta. Nesta força que vem não sei de onde. Na vontade de escrever e de mudar e de sonhar e de viver.

Tem algo de ti no pedacinho de Sol que acabou de entrar pela janela, que entrou sem pedir permissão. Ele é como a senhora, e me revela que vem chegando um novo dia, mesmo que meus olhos exaustos ainda não tenham se fechado. Mesmo que em mim seja noite.

Viver o hoje é privilégio de poucos. Pra quem não dorme, como eu, ainda é ontem. Não posso pregar os olhos com o peso do tempo sobre meus ombros. No ontem, existe um cativeiro que aprisiona. O passado está repleto de grilhões, que impedem que a gente durma e também impedem que a gente acorde.

O amanhã é um dia lindo. É um tempo onde todos desfrutam as mesmas liberdades e não mais se espera que "sim, senhor" seja tudo o que devemos dizer. O amanhã é bonito como comida quente no prato, como galho que cresce até o céu sem ser podado. O amanhã é um sonho – mas hoje eu ainda nem pude dormir.

Trovoadas de pancadas quebram mais que os ossos, cortam mais que as carnes. É o estrondo que nos silencia, a tempestade que esconde o Sol. É cinza. A senhora sabe como as dores da alma são piores que as do corpo. Que o Sol não toca onde elas doem. Ainda não amanheceu nas cicatrizes.

O Sol do amanhã há de chegar e brilhar de dentro da gente – e tudo que ele tocar, vai dourar e aquecer. Mesmo as cicatrizes das maiores dores, que não são as dores do corpo.

Que minhas palavras possam encontrar as suas como o rio que corre para o mar e se mistura, que de pequeno riacho entre pedras torna-se oceano infinito. Que essas linhas lhe contem também das dores sobre as quais eu nem disse. Que minhas palavras encontrem as suas para que o ontem amanheça no hoje, para que o Sol brilhe sobre as trovoadas.

Tem algo de ti nas minhas cicatrizes. Tem algo de ti nas minhas forças. Tem algo de ti na luz do Sol que entrou sem pedir e que mandou a noite embora. Tem Esperança.

Anna Cristina Almeida

Belo Horizonte / MG

Olá, Esperança.

É muito bom já começar a escrever com este nome: ESPERANÇA. Seu nome, minha conterrânea, já afaga o coração. E sua história, bem, é sobre ela que quero conversar com você. Antes de qualquer coisa, deixa eu me apresentar... Sentir-me mais próxima de você também me faz bem. Meu nome é Tâmara Lyz. Somos do mesmo estado, temos o mesmo tom de pele, o mesmo sexo, e temos a maternidade em comum.

Sou uma de suas muitas admiradoras. E por isso te escrevo, quero te dizer que você me impressionou bastante, tenho certeza de que faço coro a um sem-número de pessoas que também ficaram maravilhadas logo que te conheceram. Você, que teve sua família dilacerada pelo afastamento, seu filho e seu corpo mutilados por maus-tratos dos seus senhores, que a consideravam como um objeto, como uma mercadoria que pertencia a eles; por isso, também praticavam toda sorte de maldades que nós, que não vivenciamos tal época, apenas imaginamos, mas estamos ainda muito distantes do sofrimento de quem vivenciou tudo isso como você.

Em um momento no qual eu preciso acreditar e ter fé, escrever essa carta para ti é um exercício de esperançar. Talvez você ache estranha esta palavra, e quando eu digo estranha, quero dizer nova. Pois bem, vou te explicar essa palavra bonita, um verbo que surgiu do seu nome e foi mencionada pelo educador Paulo Freire – caso se conhecessem, seriam muito amigos. Pois bem, Paulo Freire diz que "esperançar é se levantar, esperançar é ir atrás, esperançar é construir, esperançar é não desistir! Esperançar é levar adiante". Depois de ler isso, fiquei pensando como o seu nome diz muito sobre você, afinal, foi isso que fez. Mesmo com todo o contexto de escravidão normalizado, mesmo diante de todo sofrimento, seu e dos seus, de toda a realidade ir contra o seu bem-estar, você resolveu agir com os recursos que tinha. Quando penso nesse episódio, imagino o tamanho de sua fé, da fé de que sua carta chegaria ao destinatário, da fé de que ele leria a carta de uma mulher escravizada, da fé de que sua voz, a voz de uma negra, mulher, escravizada, seria escutada em um momento no qual pessoas com essas características nem mesmo eram consideradas pessoas.

Como você me inspira, agindo mesmo diante do impossível. Em 1770, mais de cem anos antes da "abolição da escravatura", você seguiu seu plano, reclamou à autoridade máxima da localidade em que vivia. E, por seu ato, temos notícia da primeira advogada do meu estado, o Piauí. E com muito orgulho, nossa primeira advogada era uma mulher escravizada que advogou por pessoas escravizadas. Muito obrigada, Esperança.

Você é digna de admiração e hoje lhe são prestadas muitas homenagens, para além dos limites de sua terra. Muitas mulheres negras, assim como eu, sabem da sua história. E, assim como eu, também se inspiram em você. Ainda não é fácil, Esperança. Apesar dos anos, ainda temos muitas diferenças sociais que nos foram impostas pela nossa cor e gênero, de que muito me orgulho. Apesar do olhar torto, do não pertencimento, das ofensas, dos números desfavoráveis para nossa raça. Sim, nossa raça. Apesar disso, seguimos conquistando espaços: profissionais, acadêmicos, artísticos, políticos. Já somos um sonho que imagino ter sido vislumbrado por você. Estamos "livres", falamos e somos escutadas em muitos lugares, lutamos e, muitas vezes, temos sucesso. Nós, mulheres pretas, ainda não somos consideradas como iguais às demais e aos demais. No entanto, continuamos esperançando.

Tamara Milhomem

Teresina / PI

Cara Esperança,

Posso te chamar assim? Vejo em ti tanta representação de toda mulher guerreira de nosso Brasil, que me sinto íntima o suficiente... Seu nome já é um alento de algo de bom que nos aguarda num futuro pelo qual você tanto lutou!

Quando digo que cada mulher guerreira tem um pouco de Esperança Garcia dentro de si, me refiro não apenas aos seus sonhos, mas também ao seu permanente desassossego e luta constante contra toda injustiça.

Desde muito pequena, o que move minha vida é lutar por justiça, não apenas para minha vida, mas em seu sentido amplo. Dois substantivos femininos que carregam tanta qualidade que quase os transformam em adjetivos: esperança e justiça.

Talvez na época em que tinha pouca idade, eu não entendesse o significado literal de justiça, mas entendia com a alma a força desse substantivo feminino que nos nutre da capacidade de agir da forma correta independentemente das circunstâncias. Em contrapartida, passei a lidar com a solidão dos que pensam à frente de seu tempo, dos que lutam por igualdade. Fui crescendo e buscando referências para compreender por que injustiças me magoavam tanto. Para tentar entender por que mesmo criança eu precisava lidar com dores e responsabilidades que não eram minhas.

Nós, mulheres, sabemos o que é sentir a dor coletiva que a vivência social nos impõe. Deixei de tentar decifrar o mundo e passei a perceber que lutar por justiça era meu objetivo de vida. Com a maturidade, aprendi a afastar as dores do corpo e nutrir a força de construir uma realidade mais justa. Assim como você, Esperança Garcia.

Em cada uma de suas palavras na carta endereçada ao governador do Piauí é possível observar o nobre ato de resistir. Entender sua realidade, o contexto em que estava inserida e, ainda assim, reunir forças para reivindicar condições mínimas de dignidade foi o que fez a sua história uma lição para cada mulher.

Em sua força, em suas palavras e em sua existência senti acolhimento e passei a entender a inquietude dos que resistem. Passei a admirar, a humanizar e a nomear a resistência dos que resistem sem saber, como minha mãe, que mesmo sem te conhecer ou saber de sua história, manteve acesa a esperança, que em seu nome Garcia lhe caía tão bem.

Através de sua grandiosa existência, Esperança, agucei meu olhar, me perdoei e entendi que até aqui fui o melhor que consegui ser. Enfrentei meus medos, o que me fez mais humana. Suportei e superei minhas dores, me tornando mais corajosa.

Nas andanças de minha caminhada, vou transformando minhas angústias em esperança de não deixar ninguém sofrer as injustiças que já sofri. Faço de sua luta por respeito à dignidade do ser humano a minha.

Meu mais sincero obrigada,

Barbara Pimentel

Marabá / PA

Salve, Esperança Garcia.

Apesar da distância temporal, acredito que mais de duzentos anos – veja isso, como estamos distantes–, o tempo não será nada perto do que vou lhe relatar nesta escrita de mim mesma. Esperança, quando li sobre você, me senti ao seu lado, como se nos conhecêssemos por toda a vida, ou até, quem sabe, em algumas de nossas vidas.

Uma coisa eu sei: caminhamos lado a lado por exatos dez anos, e aqui estamos novamente, dividindo tantos sentimentos e força. Em outras palavras, você esteve ao meu lado durante todo o meu curso de Direito. Confesso que a minha faculdade era para pessoas que trabalhavam fora e se esforçavam entre o trabalho e as aulas, entre o cansaço e a biblioteca.

Apesar de nossas semelhanças, todas pobres, o meu objetivo era o mesmo que o seu: eu queria a minha a liberdade, não aceitaria mais ser diminuída ou sofrer pela minha cor. Foram tantas tardes dentro da biblioteca, lendo livros e mais livros e você ao meu lado, me reforçando o conceito de liberdade, ampliando os meus horizontes para além de mim mesma. Eu me tornaria uma mulher negra formada em Direito. Mas naquele momento eu ainda não sabia o que me aguardava.

Os meus caminhos se abriam e, ao mesmo tempo, outros se fechavam. Por várias vezes não consegui sair do lugar, e nem era a tal zona de conforto, eu nunca tive esse luxo, era somente o velho medo que assombra todas nós, de não ser considerada inteligente, suficiente ou capaz. Algo me assombrava, e eu pensava: será tudo isso em vão? Para que estudar tanto? Para que a liberdade se não tinha nem o dinheiro para pagar minha mensalidade naquela faculdade, o ônibus ou um simples lanche?

Minha irmã, pense em tantos lugares que eu percorri. Seguindo os caminhos que se abriam e aqueles que se fechavam, eu esperava pacientemente, mas algumas vezes não havia paciência, só raiva de não poder ir para nenhum lugar. O caminho fechado significava minha falta de dinheiro e o velho medo. Foi uma jornada dura, tão dura que tentei amenizar para nós duas partindo para o mundo das ideias. Sim, levei você junto comigo para um curso de filosofia, que me fez novamente percorrer caminhos que me indicavam que ali eu encontraria o que eu tanto queria: minha liberdade.

No mundo das ideias, as ideias podem ser poucas e erradas, muita leitura e elucubrações, noites sem dormir, dois cursos: Direito e Filosofia, graduação e graduação, mestrado e graduação, mestrado e OAB, sobrevivi, e aqui estou.

Irmã, eu sempre titubeio, sinto como se o lugar que estou não fosse meu, não me sinto pronta para esses símbolos todos que rodeiam a minha vida. É difícil correr atrás de algo que tanto se almeja quando preciso de coisas tão mínimas para minha sobrevivência.

Me enchi de coragem, escrever para você é escrever para mim mesma, é sobre nós, sobre o que me torno todos os dias, e o que você se tornou, a primeira advogada negra do Brasil. Eu sou a continuidade do caminho que você começou lá atrás. Não sei se encontrei a liberdade que buscava, minha vida se resume a títulos e nada mais, mas Esperança, saiba que, assim como o seu nome, clamo pela nossa liberdade, existência e resistência. Eu existo e resisto hoje e sempre.

Danielle Lima de Paula

Iraquara / BA

Cara Esperança Garcia,

Estamos no século XXI. Vivemos em um mundo hiperinformatizado onde escrever cartas tornou-se um ato raríssimo. Diferentemente do manuscrito, que no século XVIII era a única forma de comunicação possível, ainda que um fato raro para o povo, principalmente os escravizados. A carta, uma narrativa que a senhora dominava com destreza, foi um ato de bravura em uma época em que pessoas escravizadas não tinham voz. Tornou-se um marco para os afrodescendentes na posteridade.

A senhora se tornou uma pioneira da luta pelos Direitos Humanos com a petição que escreveu no dia 6 de setembro de 1770 para o presidente da Província de São José do Piauí, Gonçalo Lourenço Botelho de Castro, denunciando maus-tratos contra si e o seu filho pelo feitor da Fazenda Algodões. Essa petição antecipou, inclusive, a Declaração dos Direitos do Homem e do Cidadão, documento resultante da Revolução Francesa que estabelece os direitos individuais e coletivos dos seres humanos como universais. Tivesse sido escrita por um homem branco, certamente alguém já teria dito que ela inspirou a Declaração Universal dos Direitos Humanos, instituída pela Organização das Nações Unidas em 10 de dezembro de 1948. Seu senso de justiça pavimentou um esperançoso caminho, seguido posteriormente por defensores públicos. É um mecanismo da jurisprudência no âmbito do Estado Democrático de Direito.

Passados dois séculos e meio desde que a senhora deu à luz a sua petição, nos debruçamos sobre esse importante e inspirador documento para todos os brasileiros antirracistas e pró-direitos. A revelação da sua existência se equipara a uma grande descoberta arqueológica. Esperança para os afrodescendentes que ainda continuam à margem da educação formal, como minha mãe, que em pleno século XX não pôde alfabetizar-se, e meu pai, que concluiu apenas o ensino primário: ambos teriam ficado orgulhosos com o seu feito. A sua ação reverberou traços do matriarcado africano na Diáspora, mostrando o papel ativo das mulheres negras nas tomadas de decisões políticas e sociais. Ao defender o seu direito a constituir família, atestou a sua humanidade e lançou luz sobre os desmandos do sistema escravocrata, colaborando com a ordem social e criando importante precedente jurídico para todos e todas que tiveram os seus direitos violados posteriormente. Aclamada primeira advogada do Brasil, no âmbito civilizatório afrodiaspórico reafirmou os pressupostos éticos do Orixá Xangô em solo brasileiro.

A sua petição trouxe no seu bojo inúmeras questões, que hoje chamamos de pressupostos interseccionais. Historicamente, é importantíssimo que a primeira petição escrita no Brasil colonial, época em que as mulheres não eram legalmente autônomas, tenha como autora uma mulher negra. A sua carta se contrapôs a um sistema patriarcal com o nobre objetivo de defender uma família constituída por uma mulher escravizada. Sua recusa ao silenciamento foi um ato revolucionário, que muito nos fortalece enquanto grupo, posto que, em pleno século XXI, continuamos lutando para provar a nossa humanidade, tal qual a senhora em 1770.

Passados 250 anos, continuamos sob o fogo cerrado do racismo, que tenta nos desumanizar e nos manter em lugares insalubres ou simplesmente em não-lugares. Seguimos resistindo, e sua petição é um lembrete para que não desistamos e continuemos lutando para ter os nossos direitos reconhecidos e respeitados, uma inspiração para todas as mulheres do mundo, em especial para as mulheres negras. O seu nome seguirá grafado na Pedra da Justiça. Modupé! Asé!

Noêmia Duque

Rio de Janeiro / RJ

Esperança Garcia,

Séculos nos separam e um olhar nos une. Hoje, em janeiro de 2020, te encontro pela primeira vez, mas sinto que nossa história começa antes desse encontro. Existe um fio que nos enlaça, atravessa o tempo e nos torna parte de uma luta. Quando te olho é como se o espelho refletisse uma imagem perdida de mim mesma. O desenho que pintam de você na parede, junto de sua carta, me paralisa, e uma inspiração transborda: sou uma mulher negra.

Nasci no Piauí, habitei as mesmas terras onde você reclamava por justiça. Mas só hoje, aos 35 anos, descubro que é necessário habitar os lugares de luta. Minha insurreição começa através de você.

Aos 11 anos, descobri que havia diferença entre as cores da pele, na mesma escola onde ensinaram sobre os escravos do Brasil. No entanto, não me ensinaram a ser negra. Cresci morena e alienada dos significados que compõem nossa cultura negra. Minha imagem era feita do cabelo sem volume, domado, e minha pele, mais bonita por ser mais clara. Aos 26 anos, cumprindo os anseios de reconhecimento social, conquistei meu diploma de Medicina. Meu cabelo cacheado ficou liso para que eu tivesse "cara" de médica. Levei um tempo para aprender que minha luta começava em ser uma cara negra e feminina na medicina. Eu ocupava um lugar que insistem em imaginar que não pode ser meu, pois o racismo dita que o saber é dos homens brancos. Foi falando de onde achavam que eu não podia estar que minha revolução se deu. Passei a me ocupar de uma luta coletiva, ultrapassando o desejo de reconhecimento pessoal para o desejo de reconhecer o outro, o que nos constitui como parte de um laço social.

Esperança, dizem que a escravidão foi abolida em 1888, mas a perversidade sempre foi acima de qualquer lei. Nesse século, as senzalas não deixaram de existir, só ganharam outros nomes. Nossos olhos continuam inundados por lágrimas e sangue, nossos corpos negros são os alvos que as balas não erram. A violência que você denunciava persiste feroz, mas nós somos furor de resistência.

Esperança, teu nome é nosso signo maior. Com ele acreditamos que a luta de nossos ancestrais não foi em vão, estamos aqui por vocês. Você pedia para alguém colocar os olhos em você, para te salvar da dor, e hoje eu te peço: não tire os seus olhos de nós; onde estiver, saiba que seus olhos nos salvam. Nós, que somos uma constelação de existências negras, unidas pelo fio que você ajudou a tecer, nós te saudamos em luta, te levamos na memória, te honramos vivendo sabendo quem somos. Obrigada por nos fazer esperançar.

Camilla Thais

Mirandópolis / SP

"foi de MÃE todo o meu TESOURO"

Carta à dona mamãe.

Escrevo do profundo da alma, com silêncios represados durante uma vida. Com as letras faço um pacto de sangue. Escrevo para uma mulher negra que eu sempre quis abraçar, beijar, estar junto. Não é uma mulher qualquer. É a mulher da minha vida. Quando estou em frente ao espelho, pergunto: serão os meus olhos os dela? O nariz? Minha boca carnuda? Seríamos parecidas? Não consigo ser sem ela.

Não ter mãe é uma razão de desesperança na Terra. Ficar aqui pra quê? Contar com quem? Desafiante enfrentar o mundo cão sem amor de mãe. Sou uma mulher negra, viver nesta Terra é mais difícil, a solidão da negritude feminina apavora.

Mãe, preciso de você, olha pra mim, me reconheça, quero colo, leite, quero saber que saí de algum lugar. Mãe, eu imploro, apareça, mande um sinal de fumaça, uma mensagem nas redes sociais, vá a um programa sensacionalista, eu não me importo, vale tudo pra gente se encontrar. Infelizmente não tenho uma foto sua pra colocar na lista dos desaparecidos. Nem um nome e sobrenome seu eu tenho.

Eu menina sofri mais. Um pântano negro de lágrimas sem respostas. Um crescimento de olhos inchados, boca sem vontade de falar, viver ou comer. Eu me sentia como um galho solto. Parecia flutuar pelo espaço, ventarola livre cansada de procurar a árvore raiz para descansar. Ser uma adulta só é difícil, mas, para uma criança, isso é quase impossível. Criei um mundo de fantasia para sobreviver e lagarteei até perceber que era uma pequena borboleta.

Adulta, nos primeiros voos, certo dia olhei minha imagem no espelho, eu enxerguei, tudo mudou. Olhei demoradamente, como se me examinasse por dentro, células, veias, nervos. Lembrei de uma aula de biologia: uma pessoa é composta de 50% do DNA do pai e 50% do DNA da mãe.

Comecei a me encontrar bem lá no fundo, eu estava em um banheiro de aeroporto, mãezinha, mas não liguei para as pessoas que passavam. A esperança começou a surgir. Se eu estava ali agora tudo fazia sentido, mamãe, você sempre esteve comigo, eu a trouxe em cada gesto, talvez no tom da minha voz, não sei exatamente onde, mas nós nunca nos separamos.

Nesse dia eu tomei você pra mim, matriarca querida, e me enchi de esperança. Eu agora tinha um corpo, uma ancestralidade, a minha existência negra e linda era a continuidade da sua passagem pelo planeta, nossos cordões nunca seriam cortados. Ninguém jamais poderia separar você de mim, mamãe, eu aprendi. Por outro lado, uma sensação diferente surgiu. Eu olhei e comecei a amar cada parte minha, porque se eu não tinha mais diferenças, raiva de você pela nossa separação no tempo e no espaço, eu podia perdoar você e a mim mesma.

Tomar você, mamãe, dentro de mim, levar aonde quer que eu vá, foi o meu maior gesto de esperança, amor e libertação. Eu, o galho seco, era a minha raiz, o meu quilombo, uma aldeia, com tudo o que trazia ainda dos meus antepassados, eu sou e levarei vocês comigo.

Mirando os espelhos, eu, filha de Oxum, enxerguei a beleza e a fertilidade dos meus caminhos, chorei grande, deixando as águas limparem as mágoas, as más águas da tristeza, da culpa, da inferioridade, do não pertencimento. Consegui caminhar nas águas, senti que você estava comigo. Sorríamos, gargalhávamos, nós, feiticeiras do tempo.

Essa carta é pra você, mamãe, é minha esperança, eu tomo você com todo o amor. Do meu peito saem luzes de cura para o mundo, apaziguada estou, nada pode me ferir, nada pode me alcançar. Estaremos juntas, minha querida dona mamãe, para sempre.

Cristiane Sobral

Brasília / DF

Teu aniversário este ano caiu em uma sexta-feira, usei um vestido branco que era teu. Após tanto tempo ainda sinto teu cheiro nele, ou talvez sinta a memória do teu cheiro.

O dia 26 nasceu cinza e foi ganhando uns riscos azuis, o fim de tarde desceu vermelho e uma metade de Lua surgiu no lado esquerdo. Neste lugar do mundo a Lua nasce no lado errado. Comprei uma rosa amarela e uma branca, desci para o mar. A areia entre os dedos do pé ainda me causa prazer. No fone de ouvido, sua música favorita, sentei-me diante daquela imensidão, abri o saco com bagos de jaca descascados, nosso prazer secreto. Chorei as mesmas lágrimas de saudade, lágrimas que a senhora dizia para eu não chorar.

Fecho os olhos e vejo nitidamente suas mãos enrugadas e os braços cobertos de queimaduras do óleo quente da cozinha. Veio agora na memória o aniversário de quinze anos e as caixas com a enciclopédia Barsa, a obra completa de Machado de Assis e os Tesouros da Arte. Para você saber tudo o que tem no mundo, tudo que não sei.

O que sei veio da senhora, do teu olhar para a vida, da tua ironia, das músicas que cantavas enquanto o mundo magoava a tua existência. As ferramentas que tenho foi você quem me deu.

Também sinto suas mãos cacheando meus cabelos nas noites insones. Melhor remédio para trazer o sono.

Vai dar certo, vai passar, fecha os olhos, meu bem, e o sono vem.

Estou ouvindo você, mãezinha. Juro que estou te ouvindo.

Um tempo, que não sei dizer quanto, passou. A Lua já era sumida no céu quando um grupo de tristes figuras chegou. O mais novo deles trazia nas mãos um pote prateado. Jogaram ao mar o que percebi serem cinzas, o mais velho caiu de joelhos segurando o pote vazio. Mesmo um pouco distante ouvi nitidamente o impacto dos seus joelhos na areia. Quieto ficou e ficou, as ondas tentaram arrancá-lo do chão, mas ele ficou. Entraram todos no mar, se banharam nas cinzas e no sal, penso que eles desejavam carregar no próprio corpo quem se foi para sempre, como se agora a química de todos estivesse misturada. Abraçados, como mortos carregando vivos, caminharam de volta para suas tristezas particulares.

Mãezinha, pensei no país em que vivo agora. Sinto que estamos todos nos banhando nas cinzas de muitos corpos. Cinzas dos amores, cinzas dos filhos, cinzas das mães. Corpos enterrados sem direito aos ritos de partida, corpos enterrados sem respeito. Lembrei da nossa despedida: eu te disse para ir, que tudo ficaria bem. Sussurrei no teu ouvido te liberando.

Vai, mãezinha, descansa, amor. Está tudo certo. Descansa, meu benzinho.

Você me perguntou se tudo iria ficar bem e eu menti dizendo que sim. Foi a primeira vez que menti para você. Não fiquei bem, nada ficou bem.

Fui seguindo, fui vivendo, fui trabalhando. Gerúndios da existência.

Tem dias em que penso em me entregar, dias existem em que penso em pôr um fim, escrever: "acabou". Nestes mesmos dias sinto o cheiro da lavanda que você jogava pelo corpo, se autobenzendo.

O cheiro da lavanda vai me recompondo e te ouço, segue, segue, respira, acalma o coração. Sigo, mãezinha, sigo porque em mim tu continuas. Sigo porque me encheste de sonhos a serem realizados, você me deu infinito apego pela vida e preciso fazer jus à tua confiança.

Banhei-me no mar, limpei algumas dores e pequenas saudades.

Não tenho tuas cinzas, tenho o teu fogo.

Te amo,

Natara Ney

Recife / PE

Memórias em muitos sentidos:
Laudelina Tristão, a Lina, a minha mãe!

Mãe querida, preciso te dizer que eu me lembro até hoje do precioso tempo que a senhora encontrava para trançar meus cabelos, e como essa lembrança me aquece. Eu sempre queria ser a primeira, todos os dias, mas havia um jeito, o seu, que se impunha: um dia era o meu e o outro o da minha irmã, Valquíria. Mas sabe o que eu mais gostava, mesmo? Era de ficar sentada no chão, abraçada nas suas pernas, enquanto seus dedos ariscos e delicados rapidamente acariciavam os fios dos meus cabelos, transformando-os...

Mãe, tem outras coisas de que não esqueço. Esta é de algum tempo mais difícil e distante, no qual o som dos pedais da sua máquina de costura informava que, em breve, sua habilidade transformaria alguma das suas roupas nos vestidinhos mais lindos, para mim e para a minha irmã. E mais ainda, quando olho para as nossas fotografias em preto e branco, nas quais eu e minha irmã exibimos os vestidinhos, o produto da sua criatividade, penso comigo: quanto esmero e carinho para registrar uma cena naqueles tempos...

E a comida, então! Muito afeto e dedicação nos deliciosos pratos cuidadosamente preparados para nós, antes de sair para trabalhar. Mas é impossível esquecer aqueles feitos aos domingos, sem pressa. Entre outros, as costelinhas com aquela couve cortada fininha, o tutu de feijão, o frango na panela – mas tinha que ser inteiro! – com quiabo e aquele angu, encorpado e sem nenhuma bolinha, ah, que delícia! As tardes com biscoitinhos de maisena ou de nata, os bolinhos de chuva e até uma assadeira com pipocas são inesquecíveis... E tantas outras iguarias que eu aprendi a fazer, todas elas marcadas em mim, para sempre, pelos temperos e sabores da nossa gente que fala "uai, sô" e se espantava com a "lagoa grande", quando via o mar. As receitas e seus modos de fazer estão em mim, pelas mãos e memórias afetivas que guardo da senhora.

Mãe, lembra daquele dia em eu me banhei com aquele perfume, de um frasco pequenininho, aquele que a senhora ganhou da "dona"? Acho que ela trouxe de uma viagem que tinha feito. Até hoje sou capaz de reconhecer aquele perfume, onde quer que eu vá. Acho até que já o encontrei, nas minhas andanças por aí. Lembro da pequena embalagem delicada de vidro e da tampa em forma de rolha do mesmo material, que, afundada naquele frasco, escondia o mais perfeito dos aromas. Aliás, lembro também o que significou ter mexido em algo que não me pertencia!

Para finalizar, preciso falar da hora de dormir, mãe, daqueles momentos mágicos, da distante infância. Ouvir a voz da senhora ecoando no escuro do quarto fazia com que eu quase pudesse ver no teto as imagens das suas histórias de "uai". Histórias da nossa gente mineira, histórias de medo e as suas histórias verdadeiras da menina pobre que brincava de tarde com bonecas feitas com espigas de milho depois da lida na lavoura e quase nada de escola – mas que acreditou na escola para suas filhas, em todos os sentidos.

Cinco sentidos. Cinco sentidos "vezes" vinte e cinco vezes entrelaçando as nossas vidas.

Waldete Tristão

São Paulo / SP

Mãe,

Outro dia busquei na memória as nossas primeiras imagens. Lembrei de uma tarde na praia em que as ondas me puxavam para o ventre do mar, você correu e me agarrou como se dissesse: "ela não, essa é minha." E as viagens de ônibus que fizemos do Rio de Janeiro ao Piauí, você recorda? Com sorte conseguíamos tomar um banho na estrada.

Uma cena torço para você esquecer. Caminhávamos pelo calçadão, perto do apartamento dos seus patrões, onde morávamos, quando eu disse: "agora você é minha babá." Entre o Arpoador e o Morro Dois Irmãos fez-se o seu silêncio naquele cenário de cartão-postal. Hoje questiono se, ao ouvir aquela frase, você não refletiu sobre o preço do convite dos donos da casa quando eles disseram: "nós vamos ajudar a criar a menina."

Os dias transcorreram quase indistinguíveis dos anos, encarcerados na mesma rotina. Você abria a porta em frente ao tanque e a poucos metros da cozinha. Amarrava um lenço nos cabelos crespos e ia lavar a louça do café da manhã. Depois atravessava o corredor decorado com quadros que reproduziam obras de arte, pendurados nas paredes muito brancas, e a sala de estar para avisar que estava na hora de eu ir para a escola. E, assim, você acompanhou o meu crescimento. A cor, a única forma de identificar que éramos mãe e filha. Você pensou em abandonar o quartinho de empregada e voltar para o Enjeitado, a comunidade rural no interior do Piauí, onde nasceu e cresceu, cercada por mangueiras e pitombeiras? Por que trabalhar, inclusive durante feriados e finais de semana, desdobrando-se entre diversas funções, por uma filha que se recusava a ser sua?

Se pergunto é porque não sei se suportaria com tanta resiliência e esperança, mas seus braços nunca estiveram fechados para mim. Você esteve ao meu lado nas minhas crises de asma, nas dores de dente. Anos depois, acolheu a minha sexualidade ao me respeitar como uma mulher que ama outras mulheres.

Conforme abraçava a minha negritude, eu regressava para você. Eu me encontrei em suas linhas, ângulos e trejeitos. Nos fios de cabelo, na carne. Não sei dizer com precisão quando você se tornou a minha maior confidente, companheira para assistir a novelas e de quem preciso constantemente chamar a atenção para ir ao médico, mas compreender a dureza que o mundo te moldou me fez vê-la além do ofício materno. Afinal, o que dizer de uma menina que desde os 8 anos de idade tem as mãos marcadas pelo fogo, espinhos e enxadas e que chegou a trabalhar até em roçado, engenho e colheita de algodão? Como não esperar que a realidade te esculpisse como dobra, mulheres negras, nordestinas e mães-solo?

Aos 20 de idade, em 1977, você foi para o Rio de Janeiro, onde fez sua vida com trabalho, forró e luta, muita luta. Tornou-se mãe depois de ter perfilhado irmãos e sobrinhos. Mais de trinta anos depois, por meio da sua alquimia de temperos, conseguiu juntar dinheiro suficiente para ter a sonhada casa própria em sua terra natal, cercada por árvores de sua infância, para descansar as canelas magras nas tranças das redes que balançam sob um céu constituído de estrelas e folhas, quando os mais velhos anunciam que é inverno no sertão.

Mãe, nesta carta em que conto um pouco sobre a senhora, espero demonstrar o quanto admiro a sua história, que é minha também, já que você é meu ponto de partida, o prólogo da minha existência.

Obrigada por sempre ter tido esperança em nós.

Com todo amor do mundo, sua filha,

Camila de Araujo

Rio de Janeiro / RJ

Oi, Luzia! Como estão as coisas por aí? Tenho muitas saudades. Convidaram-me para escrever uma carta a uma mulher preta que me inspirou, e você tem uma chance para acertar em quem pensei. Imagino a sua cara fingindo não saber e dizendo que não faz a mínima ideia. Quase um desdém, mas, no fundo, você sabe que a história é com você. O mundo tem muitas mulheres pretas incríveis, no entanto, você foi foda! Segurar várias barras e cuidar de todos à sua volta sem esmorecer, não é para qualquer uma. Eu mesma confesso que não saberia como.

Trago notícias da Kelly: tá enrolada como sempre, e eu e Thiago estamos tentando ajudá-la o melhor possível. Essa menina só pode ter sido trocada na maternidade, né? Só pode. O Thiago se achou como caminhoneiro e não sai mais da estrada. Preocupa-me, mas ele está se sentindo livre depois da vida toda casado – essa herança eu não esperava. Mas eu o amo e sei que você está feliz por ver que estamos juntos. Ninguém larga a mão de ninguém. O resto da família tá indo bem, também sente sua falta. A Daiane tem dois filhos muito fofos: uma menina e um menino. Ela lamenta que eles não pudessem conviver com você – seriam muito bajulados.

Espero que aí do outro lado seja mais tranquilo que aqui, porque estamos vivendo um mundo muito louco, com uma pandemia que matou muita gente no mundo, e aqui no Brasil levou mais de 600 mil pessoas, muitos amigos, inclusive. Eu estaria surtada se você ainda estivesse por aqui, com sua saúde comprometida, nem sei o que faria de tanta preocupação. Porque estamos sendo desgovernados. Espero dias melhores para o Brasil.

Deixei pra falar de mim no final. Tenho tanta novidade, tantas coisas que eu queria que você estivesse ao meu lado para comemorar. Em 2012, entrei numa de escrever contos e poesias. Penso que sou boa, porque até me publicaram em um livro. Como queria que estivesse aqui, pra, depois da festa, tomar uns chopes zero grau – você ia adorar. Outra coisa é que fui diretora de uma biblioteca lá no alto do Alemão. Voltei lá e pude contribuir com a favela, como prometi. Foi uma experiência maravilhosa. Tinha muita criança largada, sabe? Daquelas que você sempre cuidava nos Dias das Crianças, Cosme e Damião e Natal. Imaginava o que você não iria querer aprontar para fazer uma festa para elas. Você ia adorar as meninas, sempre querendo colo e um pouco de carinho. Iriam te amar.

Na vida sentimental, as coisas não deram muito certo. Atualmente estou solteira. Acredito que esses homens não estão acostumados com mulheres independentes. Lembro das suas palavras: seja independente! Sinto falta dos nossos chopes e risos por nada. Concluo, dizendo que você foi vitoriosa nos seus propósitos. Eu e meus irmãos somos pessoas boas, somos ricos dos seus ensinamentos e herdamos sua compaixão pelos outros.

Antes de me despedir, quero saber: como está esse trisal aí? Você, meu pai e Silvino? Você teve muita sorte de ser amada por esses dois homens incríveis e eu, por ter dois pais fodas. Valeu! Você faz muita falta, mas sei que de onde está tem olhado por mim.

Vou indo e repetindo a nossa última troca: te amo, mãe!

Alexandra Silva

Rio de Janeiro / RJ

Minha amada mãe,

Quando eu tinha dezessete anos, escrevi uma carta para a Liberdade. Fazia parte de uma atividade escolar na aula de redação. Creio que eu tenha comentado sobre esse texto com a senhora. Afinal, eu, criança e adolescente, contava as horas para voltar para o teu colo.

Essa carta para a Liberdade foi especial e me marca até hoje porque quando terminei de lê-la em voz alta para os colegas de turma, como a professora havia pedido, espontaneamente todas as alunas e alunos aplaudiram com entusiasmo. Foi, sem dúvidas, um dos momentos mais emocionantes da minha vida. Eu, jovem, já com o desejo de ser escritora, ver o meu texto motivar reação como aquela me encheu de orgulho. Até hoje sinto os meus olhos marejarem.

Costumo repetir, porque de fato é verdade, que a escrita é a minha melhor forma de expressão. Sempre muito tímida – hoje começo a refletir se era de fato timidez ou silenciamento –, pouco falava nas aulas. Mas era voltar para casa, encontrar a senhora, e em minutos meu dia se alegrava, as palavras saíam e conversávamos animadamente, em alguns dos belos momentos que guardo com carinho na memória e no coração.

A senhora sempre foi, é e será a minha fortaleza, meu espelho, minha inspiração. Já disse por diversas vezes que 'sem minha mãe, eu não seria nada'. E repito uma vez mais. Desde as minhas mais remotas lembranças da infância, a senhora esteve ali, ao meu lado, protegendo, ensinando, cuidando, amando.

Foi quem me apoiou quando pensei em desistir. Quem me disse tantas vezes o quanto eu era bela, inteligente, importante, especial. Não só disse, como me fez sentir. E até hoje eu me sinto a pessoa mais felizarda do mundo ao olhar nos teus olhos e perceber tanto carinho e afeto.

Meu amor pelas letras, pela escrita, pelos livros, começou com a senhora. Minha vontade de falar sobre representatividade, exaltando mulheres negras, começou com a senhora, com o meu desejo de homenageá-la, de fazer o mundo perceber o quão grandes as mulheres negras são.

Para a mulher que me deu a vida, me criou e me amou tanto, eu só espero conseguir retribuir todo esse afeto, todo esse amor. Lembro-me bem dos livros que a senhora, professora de português em escola pública, muitas vezes trabalhando em três turnos com uma tripla ou quádrupla jornada, levava para casa ainda nos meus primeiros anos de alfabetização. Foram meus primeiros companheiros de aventuras literárias.

Naquela carta que escrevi à Liberdade, lá no alto dos meus dezessete anos, citei os versos, talvez um pouco parafraseados, de Cecília Meireles: "Senhora Liberdade, não há ninguém que te explique e ninguém que não te entenda." Hoje, recordando esse texto da jovem estudante do ensino médio, cujas palavras ainda guardo com carinho, vi que o assinei como "uma fã chamada Esperança".

É quase uma daquelas epifanias que o mundo raramente nos proporciona. Enquanto escrevo esta carta, com a história de Esperança Garcia em mente, rememoro a carta que escrevi ainda no início da juventude, em que tentei personificar em mim a esperança no futuro, conversando com a liberdade que há séculos era, e é, tão esperada por nós e nossas ancestrais.

E são dois sentimentos, mãinha, que a senhora me ajudou a ter e a buscar. Esperança e liberdade. Liberdade e esperança. Hoje, como era na infância e adolescência, muita coisa não mudou, permanece, e creio que assim sempre será. O seu colo, seu abraço, seu carinho e seu amor serão sempre o meu melhor lugar.

Obrigada por tudo! Te amo! Mais que a mim.

Jaqueline Fraga

Recife / PE

Olha eu aqui... Viu? Minha intenção nestas linhas retas é a sua escuta, viu? Sempre foi. Lembra escrita, né? Como se as palavras também brincassem com o que a gente sente. Por isso delineio estas junções de palavras aqui agora. Elas são um amontoado de ideias que eu queria ter lhe falado já lá naqueles dias das colheitas de algodão, minha mãe.

Quando a senhora arrumava a mistura, aquele arroz com feijão e farinha de mandioca torrada com um pouquinho de pimenta malagueta, que hoje sei que bife acebolado nenhum chega aos pés, nem a melhor comida do restaurante do Centro.

Cada algodão que eu colhia, apostando corrida com os meninos – seus outros seis filhos homens –, era colocado no embornal como preciosidade porque eu sabia que, se colhesse muito algodão, após a pesagem, teríamos dinheiro pra comprar mantimentos por longos dias.

Naquelas colheitas eu queria dizer-lhe tanta coisa, mas as palavras não saíam, ficavam por aqui, passeando pela minha cabeça, como se num parque grande eu estivesse meio perdidona por lá, me entende? Eu me sentia sufocada por algo que tento entender diariamente. Sabe, aos cinco anos fui sufocada, talvez pelas palavras tão duras daquele homem branco que me disse lá na esquina da Alameda Pernambuco que não me daria balas porque eu era pretinha e entregou tudo nas mãos de minha amiguinha, também da mesma cor que ele, e eu fiquei paralisada, contando dias, meses, tentando entender porque aquele homem das balas era tão mau. Pensei que verdadeiramente sabia quem era o tal diabo de que tanto falavam.

Queria ter lhe falado isso lá no algodoeiro, mas me fiz de forte, e achava que a senhora teria ficado muito mais triste com isso, porque tudo na vida já parecia penoso demais. Eu não te disse, mas sonhava com o dia em que os algodões pudessem se tornar bem pretos como a gente, e tudo mais que fosse nos diminuir pela cor da pele não seria mais válido, porque estaríamos no topo do mundo, reinando em cada canto, como sempre foi... Antes de sequestrarem seus avós lá de Angola.

Acredita que depois de muito tempo, quando pisei na universidade, conheci a história de Tereza de Benguela?

Mas olha, eu sempre soube que a senhora era rainha, mãe, sempre. E seu olhar de mulher guerreira me acompanha, me dá "chacoalhões" ainda hoje. Vejo as plantas e me lembro do quanto a senhora vivia com elas e pra elas também, benzendo a vizinhança toda.

Tentei te escrever antes, mas não consegui, meditava por ter ficado com tanto homem em casa. Uma parte deles foi amigável, a outra me deixou marcas horríveis, talvez a senhora já saiba de tudo, e eu, só ainda, na minha inocência terrena, acho que não. Escrevi tudo isso já, bem detalhado com feições mais infantojuvenis, mas as escritas se perderam quando mandei para um concurso da cidade, fui classificada e me esqueceram no dia do prêmio. Era na cidade vizinha, a senhora acredita? Não me queriam deixar ser escritora, fiquei parada aguardando o carro com o motorista que viria, o qual nunca chegou.

Mas olha, Diva, que esta carta chegue inteirinha aí pra você, as suas chegam sempre aqui, a cada passo meu, a cada vitória, a cada cabeça erguida na selva de pedras, eu sinto as suas palavras de sabedoria ancestral me espiando devagarinho... Beijos suaves como algodão pra senhora, minha esperança de sempre! Até!

Eliane D'Benguela

Primavera / SP

o pássaro que matamos ontem

Querida vó Orcelina,
Recebi uma fotografia sua.

Procurávamos, meus irmãos e eu, cada um em sua própria casa, afastados pela pandemia, bilhetes, cartas e fotografias do papai, seu filho, que partiu tão repentinamente vitimado por esse vírus que nos assola. Tentávamos nos consolar trocando recordações.

Sua fotografia, vó, foi um dos primeiros itens que compartilhamos no grupo dos irmãos. Nela, em preto e branco, vemos seu rosto, e a senhora não sorri. Olha decidida e firme para a câmera. Está com seu lenço branco amarrado sobre os cabelos, e me faz pensar o quanto se parecia fisicamente com a escritora Carolina Maria de Jesus. Penso também que nunca a vi sem o lenço.

Esse seu olhar sério para a câmera não me parece de dureza ou raiva. Percebo-a, talvez, intrigada. E gostaria de lhe perguntar o que a intrigava, no que pensava, não só naquele momento, mas também sobre a vida, o mundo, a família, seus sonhos, ideais e desejos.

Quando a senhora faleceu, em 1986, eu tinha apenas treze anos. A pouca idade dá um falso senso de imortalidade ou de que teremos ainda muito tempo. "Depois", eu pensava. Deixava para depois o que gostaria de lhe falar, porque não queria interromper sua conversa com meu pai ou com minha mãe, com os adultos, enfim. Seu jeito de ficar quietinha, às vezes só ouvindo, com a mão no queixo, me fazia também querer só ouvir. E eu ficava ali, rondando, silenciosa em minha timidez.

De sua vida, Vó Orcelina, dona Doca, como era mais conhecida, sei muito pouco. E esse pouco que sei me alimenta, me anima, me enche de esperança. A senhora e meu avô enfrentaram as agruras de um casamento inter-racial no início da década de 1940, na roça, numa cidadezinha de Minas Gerais. O espanhol, branco, pai do meu avô, colocou o filho à prova dizendo-lhe que, se ousasse se casar com "aquela negra" (a senhora, vó!), deixaria de tê-lo como pai. Vovô não aceitou a chantagem, e vocês se casaram. Ainda bem! Que coragem vocês tiveram!

Mas, vó, o que mais me espanta em sua história de vida é que a senhora ousou mudar de nome, ainda muito jovem, quando entendeu que o sobrenome que carregava era, na realidade, herança da escravidão! Papai me explicou que, segundo o costume da época, naquela localidade, as pessoas escravizadas recebiam como sobrenome o nome da fazenda na qual foram forçados a trabalhar. Ele me disse que a senhora se revoltou (maravilhosa!) e reagiu, buscando, no outro lado da família, o nome de um avô que havia comprado a própria liberdade e escolhido para si outro sobrenome. A senhora se empenhou para mudar seu próprio nome e, embora eu não saiba os detalhes, sempre me fascinei com o fato de que minha avó deixou de ser Orcelina Cortes e se tornou Orcelina Fausto de Oliveira, porque quis, porque escolheu rejeitar a marca da violência da escravidão! Isso me comunica muita força, muita coragem, e me faz querer que seu nome seja conhecido, registrado, lido, rememorado!

Escrevo-lhe com saudade e com esperança de que, cada vez mais, nós, suas netas e bisnetas, façamos uso de sua herança de força e coragem!

Com amor,
Sua neta,

Adriana Ortega

Rio de Janeiro / RJ

Oi, vó!

Tava pensando em te escrever faz um tempo, mas a vida tem me tirado a energia com tanta correria, principalmente agora com pandemia, esse (des)governo e as contas chegando do mesmo jeito de antes. Queria pedir desculpa pelo sumiço, pelas mensagens que, às vezes, respondo com menos atenção do que gostaria, por não ter te visitado no último aniversário. É que eu realmente tenho sentido medo de expor a gente a tudo isso. Eu tô aguentando. Teve um momento em que eu fiquei tanto tempo aqui sozinha, que bateu uma carência e eu dei uma chance praquela menina que tentava há um tempão falar comigo – a Ana. Ela chegou aos pouquinhos e, quando vi, ela tava cuidando de mim de um jeito que me faz lembrar da senhora dizer que nunca teve.

Um dia, eu fiquei com cólica, passei muito mal, e Ana veio aqui em casa me trazer comida. Arroz, feijão, brócolis refogado, purê de abóbora e farofa de banana: cada coisa em um pote diferente porque ela sabe que eu não gosto que outras pessoas arrumem meu prato. Brotou uma lágrima no olho com aquele cuidado todo e eu fingi que era da dor no útero, mas até agora não sei de verdade o que me fez querer chorar daquele jeito. De repente, eu me vi criança, sabe? Depois de uma vida toda sendo adulta e sendo quem cuida, reproduzindo uma força que eu carrego de sangue e criação. Mas aí a Ana veio assim e eu, que achava que tava dando conta, quase desmoronei quando ela pegou na minha mão. Com as vistas embaçadas do choro que eu, confusa, não soltei, lembrei da senhora e dos olhos-espelho que Conceição escreveu. Você já conseguiu, vó? Alguma vez alguém quis cuidar de você e você conseguiu acolher o choro e a ajuda? Você já deixou alguém arrumar o seu prato, vó? É que naquele dia eu quis que ela arrumasse o meu prato e isso nunca tinha acontecido; daí, lembrei de você cozinhando pra casa toda, todo dia, na pausa do trabalho que ainda não conseguiu largar, e fiquei me perguntando se alguém já arrumou seu prato como arrumam o do meu irmão. Mas eu sequei o úmido dos meus olhos, lembrei de como cheguei até aqui, de como você chegou até aí, de como a gente dá conta das coisas, e me bateu uma indigestão só de olhar praquela comida... Eu me senti exposta de um jeito que nunca acontece, pedi que a Ana fosse embora e fiquei tentando chorar, pra tirar o nó da garganta, mas o choro sumiu em algum lugar dentro de mim. Só que o nó não desatou e agora parece que cada problema que eu tenho que engolir fica entalado ali, juntinho dele.

Ouvi me dizerem que, estressada do jeito que eu tô, vou acabar ficando velha logo, mas lembrei de como a senhora parece ser muito mais nova do que é, do efeito da melanina em conservar mil vidas em um rosto de menina. Quando pensei nisso, me vi em você, e comecei a entender um monte de coisa que me deu medo e esperança. Lembrei das vezes em que a senhora disse não precisar de homem, e de como sempre me inspirei na sua independência. Mas lembro também das vezes em que parecia uma boa se relacionar, mas você não quis por medo de ficar vulnerável. Vó, uma amiga me falou outro dia que eu sou muito forte, mas que preciso entender que aceitar ajuda também é sinal de força. Eu tenho pensado sobre qual era o gosto daquela comida, e fiquei chateada por ter comido miojo naquele dia. Fico imaginando quantos gostos você não sentiu. Será que a gente consegue aproveitar o que temos sido até aqui e ainda ser forte de outros jeitos?

Com amor e saudade,
Sua neta,

Rafaella Telles

Seropédica / RJ

Querida vozinha,

Eu não sabia que sair do morro do Borel, no Rio de Janeiro, para morar no interior nos anos 1940, após a morte de seu pai, teria essa mudança para sempre na sua memória. Deixar seus primos e sua escola foi algo que você jamais esqueceu.

Eu não sabia que você tinha se casado aos 19 anos e, aos 23, já tinha ficado viúva, com três filhas pequenas para criar. Sua mãe, que também era a sua parteira, te ajudou de inúmeras maneiras. E você seguiu. Eu não sabia que você não tinha dado bola praquele homem boêmio que veio se engraçando pro seu lado porque entendia que tinha que zelar pelas suas filhas e que não cairia na lábia de qualquer um.

Eu não sabia que, depois de ter se juntado com esse homem, você ainda teve que suportar os olhares e as críticas da mãe dele, que diziam "essa mulher cheia de filhos não é pra você". Mesmo assim, você conseguiu construir alguma cumplicidade com esse homem galanteador, que acolheu você e suas filhas.

Eu não sabia que, no momento em que você e ele tiveram a primeira filha (a minha mãe), você percebeu o quanto a maternidade pode ser solitária mesmo estando casada. Eram noites sozinhas com as meninas, só meninas. O seu marido gostava muito de festa, era difícil, eu sei.

Eu não sabia que, depois da primeira menina, viriam muito outros filhos. Foram onze no total. Não sei como você conseguiu! Eram muitas crianças, vozinha. E só você sabe o que passou: a fome, a falta de perspectiva, a preocupação com as crianças... E mais uma vez você continuou.

Eu não sabia que, anos depois, quando seu marido morreu no seu colo, vítima de um infarto fulminante aos 57 anos, você sentiria uma das piores tristezas da vida. Não tinha ideia do quanto você se sentiu sozinha e do quanto o apoio dos seus filhos significou tudo pra você. Aliás, uma coisa da qual você se orgulha muito é o quanto seus filhos te apoiam.

Eu não sabia que o dia da minha formatura tinha sido um dos mais emocionantes da sua vida. A neta querida, a primeira da família a cursar uma universidade. Você queria que seu companheiro estivesse ali pra ver aquilo. A primeira neta dele estava se formando como professora!

Eu não sabia, vozinha, mas agora eu sei. Sei que tudo que foi feito por você lá atrás reverbera em mim. Sua insistência para que seus filhos fossem para a escola fez com que minha mãe fosse pra escola e, consequentemente, isso também veio pra mim. O seu carinho, a sua generosidade ecoam na sua descendência e hoje, a cada vez que lembramos de ti, um sorriso nos vem aos lábios. Não há tristeza, há gratidão por termos uma ancestral como você! Quando penso em você me permito ter esperança.

Obrigada, vozinha.
Da sua neta querida,

Luana Cruz

Niterói / RJ

Ontem o céu estava laranja, vó. O céu rugia. Um camundongo roía meu coração e parasitas desciam pelas linhas das minhas mãos. Quis ser um cacto. Porque um cacto sobrevive sozinho à secura do mundo. Em qualquer parte do mundo deveria se compreender: não se trai uma irmã. Não se abandona uma irmã. Mas quase sem acreditar, vi Tina dar as mãos a esses que nos menosprezam e se afastar de mim. Tive que lhe gritar: "Tina, não vá com eles porque eles querem que rastejemos sob seus pés! Tina, não vá com eles porque eles querem nos matar! Tina, não vá com eles porque então você não saberá quem você é!"

E, enquanto Tina se afastava e ignorava meus chamados, uma cena que não vivi, contada por você, retornava à minha memória. Minha mãe tinha sete anos e você caminhava com ela até a escola. Enquanto as outras mães se preocupavam apenas com as notas das filhas, você se debatia com outras questões. Será que deixariam a Gracinha entrar quando soubessem que você era mãe solteira? Será que não a tomariam por uma intrusa em meio aos filhos dos brancos? Será que não a humilhariam? E você conseguiria protegê-la?

Nenhuma outra mãe experimentava essa ferida. E elas censuraram a ignorância da negra quando você perguntou se era preciso mesmo que os pais das crianças assinassem o contrato. Ah! Nossa família sem homens! Nossa família em que os machos apenas emprenhavam as mulheres e sumiam no mundo!

E você teve que reprimir seu desejo de mandar todos para o inferno. E teve que forjar uma assinatura, registrar esse nome que renega. E a menina teve que esconder que não tinha pai. E como se rebelar se vocês eram sozinhas?

E foi ali, vó, que minha mãe ouviu tudo o que disseram a ela sobre quem deveríamos ser. E ensinou à Tina. Esse lugar marcou nossa ruptura. Porque Tina herdou da nossa mãe a obediência e eu herdei de você a fúria. Mas quis compreender as pequenas coisas que as seduzem, esses pequenos gestos que as fazem pensar que são benvindas. Benvindas desde que saibam se curvar. Benvindas desde que reconheçam que eles são melhores que nós. Benvindas desde que saibam que há um lugar a partir do qual é proibido seguir.

Eu zombei de tudo isso e balancei a cabeça. Recusei esses caminhos porque não poderia estar com os que nos menosprezam, tampouco com os que se aliavam a eles. Mas quando vi Tina ignorando meu chamado, desejei ser muda. Desejei sumir no mundo. Como se fosse possível me afastar e depois retornar para um mundo diferente daquele do qual parti. Mas quis entender esse peso que Tina carrega nos ombros. Esse peso de não se amar, vó. Ah, esse peso, esse peso, esse peso! Como evitar que ele nos destrua?

Ontem o céu estava laranja. Ontem o céu rugia. Hoje também. Mas agora nenhum camundongo roerá meu coração e todos os vermes serão expulsos do meu corpo. Ontem eu quis ser um cacto em meio ao deserto, vó. Hoje, não. Hoje vou me plantar no meio mundo. E fazer a chuva cair.

Lindevania Martins

São Luís / MA

Querida vozinha,

Eu hoje acordei rindo, era riso solto, fazia até pequenas ondas no abdome. Foi como se no sonho eu tivesse cavoucado bem fundo o chão das minhas memórias. Lá no fundinho, em meio à terra seca, eu avistei a história da novilha que a senhora vendeu e botou os cruzeiros na poupança pra pagar meus estudos. Anos mais tarde, aos dezoito anos, quando fui ao banco com meu pai para retirar o dinheiro que pagaria algumas inscrições de vestibular, lembro que contei a uma amiga a história, ela ria, dizia sempre que amava a história da vaca que minha avó vendeu pra pagar meus estudos. A vaca vó!

Quem diria? Aquele seu único bem era a aposta do futuro outro que a senhora desejava pra mim. Fui mais fundo no sonho, cruzou meu caminho uma imagem da gente naquela sua casa do sítio. Aos pés da sua máquina de costura, sentada, eu dizia que, quando a senhora morresse, eu a transformaria numa pequena boneca e a deixaria na minha penteadeira, para sempre estarmos juntas. A senhora ria. Ria e contava essa história pras pessoas, que também gargalhavam. Para mim era o mais inteligente dos planos. Talvez meu primeiro e mais nobre projeto.

Nas cartas que a senhora me enviava, sempre vinham notas de cruzeiros. Era "pra eu comprar minhas coisinhas", a senhora dizia. Lembro que sua grafia fugia das linhas e fazia nascer bonitas formas nas folhas de caderno. Eu amava essas cartas. Nelas a gente desenhava, juntas, esperanças de que gente como nós pudesse voar bem alto e lançar sementes-histórias pelo mundo. Parecia ser possível virar semente no mundo. Sementes de mundos.

Eu sempre gostei do toque. Eu pegava seu rosto, prendia seu cabelo, espremia os cravinhos do nariz – não, eu não achava isso desagradável, eu me divertia, pareciam pequenos pontinhos de pimenta que eu tirava um a um. Nesses rituais cotidianos de presença, a senhora partilhava seus sonhos: de um dia me levar para conhecer sua terra, Alagoas. Tinha a viagem toda planejada. Eu conheceria o São Francisco, onde a senhora aprendeu a nadar de costas.

Eu achava incrível porque era como se seu corpo virasse um corpo-barco que remava por si mesmo. Era como uma dança. Eu não sei nadar. Mas eu ando, eu corro, eu danço e tento voar um poquinho todo dia, a semear histórias por aí. Sabe que eu fiz faculdade de História? Pois é. E também realizei uma pontinha de seu sonho, eu conheci a sua terra. Eu morei nas Alagoas, eu levei meu corpo-barco pro Velho Chico e me deixei lavar-levar. Eu te levei comigo. Foi bonito conhecer seus quintais e imaginar os rastros de nossas antigas. Penso em toda a saudade que devia irromper por seus olhos atravessados pelas lonjuras do tempo. Eu me pego pensando sempre.

A senhora se foi no ano em que concluí a faculdade. Simbólico. Era como se a missão, aquela da história engraçada da vaca, tivesse se cumprido. E em vez de boneca-bibelô de penteadeira, a senhora virou semente. Semente de mundos insurgentes como aqueles que conheci quando pisei no chão de sua terra, das terras de Dandara, Zumbi, mãe Vera, tia Marcelina, de Marias Franciscas, como a senhora.

Sinto tanto a sua falta. E sinto tanto sua presença em mim.

Com amor,
Sua neta.

Ah! Meu pai e minha mãe lhe mandam beijos, eles continuam os mesmos (risos).

Agora sim, me despeço.

Késia dos Anjos Rocha

Rio de Janeiro / RJ

Vó Isaura,

Sonhei contigo essa noite, mais uma vez. Tenho o mesmo sonho há mais de dez anos. Tudo isso num cenário improvisado montado através de meias-palavras da outra avó Izaura, batizada em tua homenagem. Ela passou a infância em Cruz Alta, por isso sabe me contar tudo nos mínimos detalhes e com cheiro de infância. Tento imaginar como seria viver no interior do Rio Grande do Sul no século XIX. Eles sempre dizem que aqui a colonização e a escravização não foram tão terríveis, afinal os nossos eram da família, comiam da mesma comida, era só esperar a sobra do patrão ficar no prato. O resto ia pro cocho. Coitados dos porcos, nunca comiam.

Eu entendo por que a avó Izaura de cá não me conta as coisas. Ela mesma nunca entendeu como ter uma mãe filha de colonizador e um pai fugido do campo. A compreensão só piorava pelas feições do pai serem como as nossas, mas a tez ser mais clara que a tua, a avó que tanto amava. Antes mesmo de me contarem o que aconteceu, eu já havia entendido. Mulheres-café nascidas na Lei do Ventre Livre vagando pelas estradas atrás de um prato de comida, homens donos da terra – e não parte dela –, detentores de todos os campos, com esconderijos em cada verde, oliva, folha, musgo. Olhares que pensavam ser donos de tudo e que pegavam o que queriam.

Me foi revelado que precisaram de três ou quatro homens pra te segurar. As nossas sempre foram fortes como potros. Teu frescor de noite foi rompido. Extirparam cada canto teu, como fizeram com a nossa terra. Observaram, não perguntaram, roçaram, cheiraram, puxaram, lamberam, cuspiram. Fome voraz nunca saciada, apesar dos cinco milhões de corpos consumidos. No sonho persistente, vivo cada grito teu. Cada músculo enrijecido, cada gota de suor, cada suspiro de não prazer. Arquejos. Zumbidos. Agonias. Passei a ouvi-los naquela tarde.

Após tantos anos do teu acontecido, não cogitei que os parentes deles fossem repetir comigo. Meu pai, que para a minha tristeza a senhora não conheceu, havia sido cremado. O suposto amigo bateu em minha porta com condolências ensaiadas. Três toques, nada mais que isso. Abri a redoma entre soluços e ele entrou de braços abertos. Convidei-

-o a sentar. Queria fazer um chá como de costume, mas não conseguia organizar o pensamento. Precisava de água quente ou fria? Colhia as folhas ou usava as que já estavam secas no balcão?

Precisava de quantas xícaras? Não me movi.

Eu tentava nomear as ervas para oferecer. Há cinco anos tenho camomila, erva-doce e jasmim. Minha avó de cá diz que desde cedo tenho a mão verde como a tua. Imagine só, uma guria que preferia plantar, em vez de brincar na rua. E ali estava eu escolhendo os matos, enquanto ele sorria fixamente pra mim. Começou com um abraço apertado, acalentador. Era um calor do tamanho do Sol naquele dia nublado. Contudo, o aperto nas costas quis usurpar outras colinas, conquistar, diriam os seus. Explorou grandes e pequenos montes e fez chover sobre eles. O vermelho carmim se misturava ao branco gelo. Foi o primeiro dia em que sonhei contigo.

Soube pela avó Izaura que tu mesma contou o que se passou naquela tarde. Os outros não andam mais por aí pra contar a história. Nem eles, nem seus filhos, nem seus netos. Por isso te escrevo para contar que o bisneto, depois de me visitar, não pôde mais sair do nosso jardim. O futuro é vosso.

Te vejo à noite!

Beijinhos, meus, teus, nossos.

Tainã Rosa

Alvorada / RS

Mãe Aristéia,

Imito o jeito de nossa gente de chamar (bis)avó de mãe (talvez por serem as avós que cuidavam da cria, com as mães na lida da roça). Se participo de tua prole, chamo-te também de mãe. Era teu nome na certidão de casamento de minha avó Júlia com meu avô José, teu filho. Li que vivias na Fazenda Mombaça, Município de Atalaia, Alagoas, no remoto século XIX. Hoje, nome de quilombo, Mombaça está a 150 km de Atalaia.

Apelidado Teixeira na infância, José foi dono de pequena porção de terra. E, cá comigo, indago: que homem preto, nascido em 1898, teria terras na região, senão um dos opositores do regime de trabalho cruel e degradante sobre o qual nossa sociedade se assenta? Talvez pudesses, bisa, responder a isso, com tudo o que passaste em vida.

Escrevo-te, ainda, pois me alegraria dar notícias de quem teu menino se tornou, para a família que ali começava. Desculpe, então, se há vazios, lacunas no tempo, suposições. Talvez seja eu a primeira a buscar algo da história de vovô e os fios deste outro enlace: o de nossa teia familiar. Espero de coração não ser a última.

Sobre o nascimento e a formação do rapaz, nesse tempo pós-abolição, dias cruéis de falsa liberdade, nada sei. Mas nisso deves ter tido grande mérito, já que criaste um grande homem.

José adulto se casou com uma cabocla forte, de sorriso aberto e fala mansa, de nome Júlia. Dela me lembro bem. Teria sido esta avó o possível elo entre nós e pena ela também ter partido antes de minha maturidade, necessária à busca dessas respostas. Mas partidas precoces são típicas de nossa gente.

Vô Teixeira também se foi cedo. O crescimento dos poderosos varreu todo aquele chão e não deixou lugar para pequenos plantadores, menos ainda para meeiros pretos e pardos, herdeiros de lutas por justiça e liberdade. A ele restou trocar seu pedaço de chão por uma casinha de empregados na usina e lugares para seus filhos na mesma firma. Os filhos, um a um, migraram para o sul. E ele não sobreviveu muitos anos àquela mudança. Morreu de veia estourada (ou da própria seiva da vida que lhe fugiu do controle?).

Falemos, antes, de vida: o rapaz de Mombaça era um apaixonado por festas. Foste tu a lhe ensinar o amor da música e das danças do povo? Foi minha mãe, admirada com minhas pesquisas acadêmicas, que soltou: "Nem conviveu com o avô, mas puxou seu gosto por essas artes e festas. Se sabia de pequena armação de circo, Boi, reisado, na cidade vizinha, dizia aos artistas que, na volta, passassem em seu sítio e ali se apresentassem, por boa comida e uma noite de pouso. Eram então noites de batucada e cantoria pra família, pros vizinhos de perto e até pros de longe." E finalizava: "Você tem a quem puxar."

É esse tanto, bisa Aristéia, o pouco que sei de nós, da trajetória de vida e linhagem que entendo serem plena de lutas, de sofrimentos, de portas fechadas e dores silentes. Opressões. Terras trocadas por falsas promessas. Filhos que se vão no mundo. Dias jogados na poeira do tempo. Nesta carta, porém, quis destacar alguns pontos de luz, marcas de força, afetos resistentes, artes de viver, de sobreviver.

Por fim, a te saudar neste dia, dedico um pensamento reverente: te chamo Minha Mãe, Minha Raiz, meu laço mais estreito com uma África que só posso imaginar, com jornada que só conheço de leituras, com vozes que só recupero quando paro para ouvir silêncios, verdades interditas, mas que, em mim e em minha cria, pulsam e pulsam, todos os dias de nossas vidas negras.

A bênção, Mãe Aristéia

Maria Aparecida Silva Ribeiro

Aracaju / SE

Hoje, vó, a senhora está sendo enterrada. A única avó que me restava. Oh, dona Lúcia, minha avó paterna, a senhora foi cedo demais, 79 anos é cedo demais.

As mulheres Araujo morrem cedo. Os Araujos morrem cedo demais. Ninguém puxou a nossa bisavó, que morreu dormindo aos 107 anos, apenas quatro anos depois de perder a lucidez.

Nosso DNA certamente não veio dela. Mas não culpo apenas o DNA, vó. A senhora sofreu muito. Nós, mulheres pretas e pobres, sofremos muito, mais do que qualquer outra.

A senhora foi abandonada pelo companheiro aos quinze anos, com dois bebês no braço. Não consigo nem imaginar o que era uma mulher preta sem marido e com filhos nos anos 1950. Foi explorada até o limite por mulheres e homens, dias inteiros de trabalho por um prato de comida para os meninos. Passou muita, muita fome. Foi humilhada diversas vezes por madames brancas. Trabalhou até não poder mais.

Sei que a senhora se casou com aquele que conheci como avô, que assumiu os meninos honrosamente. O bombeiro Oscar era bom pai e marido, até chegarem os partos. Sumia, deixava a senhora sozinha, recém-parida, sem nada, e ia se divertir. Quantas faxinas feitas no resguardo para alimentar as crianças? Muitas. E foram mais quatro filhos com ele, quatro meninas.

E veio a viuvez, e veio novo casamento, a última filha, e veio a fé, e a dona Lúcia virou a Irmã Lúcia, admirada em todos os círculos de oração da Baixada Fluminense. Foi assim que te conheci, vó.

A senhora falava muito alto, era um trovão. Tinha uma força descomunal. Era potente, autoritária. Era uma sobrevivente.

A senhora enterrou três filhos. Eu não tenho ideia da dor, do pavor, do terror que deve ser isso. Mas a senhora soube. Nos dois primeiros, eu estava lá. Na última filha, de certa forma, a senhora já não estava: o alzheimer poupou-a da dor direta, mas não da dor da saudade – quando lúcida, cobrava a presença da filha Vera, que partira aos 59 anos. Lembro bem da morte da tia Regina. Um infarto fulminante a levou em cinco minutos. Fomos todos para a casa dela e de lá recebemos a notícia.

Entramos todos em choro convulsivo. Até a senhora tomar a palavra, bradando que secássemos às lágrimas e fôssemos para casa de cabeça erguida. Saímos todos, a senhora na frente, descalça porque despedaçada por dentro, mas firme como uma rocha, nós atrás como se estivéssemos diminuídos à sua sombra. Dona Lúcia maior que nós todos. Não me esqueço dessa cena. Ali aprendi com a senhora que caímos, mas podemos escolher cair de pé.

Não sei dizer em que momento aquela força acabou. Só sei que em um dia a senhora era uma fortaleza e no outro não era mais. Como uma chama em que jogaram um tonel de água. Mas ainda decidia tudo.

A senhora decidiu morrer três dias antes de chegarmos ao Rio. Tentei adiantar as passagens, mas não foi possível.

E decidiu que a neta, agora vejo, tão parecida com a senhora, não participaria da despedida. Se vingou de mim, que aconselhei a não lhe contarem da morte da última filha, já que o esquecimento do alzheimer faria o papel de lenitivo.

Recebo o castigo com tranquilidade, vó, e me despeço aqui, como se ouvisse a sua voz de trovão dizendo: "não precisa dessa graça toda. Eu alcancei a promessa."

Irmã Lúcia alcançou a promessa, voltou para os braços do Pai. Agora acabou o sofrimento, vó, agora não precisa mais lutar para sobreviver neste mundo feito contra nós. Agora a dor é só nossa, pois graças a Deus não tem lágrima do lado de lá. Só tem paz.

Giselle Maria

Porto Alegre / RS

mas não CEGARAM O OLHAR

Vossa Senhoria Xica da Silva, receba essa missiva minha, que envio no vento que passa esta tarde. Sou atacada constantemente, como você foi. Ando com os pés sobre as pedras, como você andou. Já se acumulam as ameaças de morte em minhas costas. Nem sei como continuo a sustentar altivez e beleza, quer dizer, sei sim: vou ao templo rezar a Oyá, como você ia. Só pode ser isso que me mantém com o coração ritmado e o ar às ventas. Veja, percebo que a suposta generosidade que me prestam não passa de compensação pelos males a que fui exposta; mesmo aqueles que me querem bem, se olhados atentamente, deixam à mostra os quereres verdadeiros de seus corações. Tenho a espada da razão afiada e mesmo em um grande esforço para ver apenas a bondade e o afeto, me saltam aos olhos o fel debaixo das boas ações. Há um homem branco estrangeiro que me devotou afeições paternas toda vida desde bem menina, mas não tardou a buscar estar a sós comigo assim que me viu mulher, não tardou a insinuar que dividisse com ele a mesma cama. Há também uma parenta de posses, que me trata como filha e pagou para que terminasse meus estudos, mas assim que soube de meu sucesso e de minha erudição, ressentiu-se: me amava enquanto estivesse como sua dependente, nunca em seu nível, nunca acima de si. Para ser bem quista, preciso calar; para ser bem vista, preciso servir; pois bem, Xica Rainha, não nasci para nenhum dos dois, então rogo para que me auxilie. Dia desses eu andava, o Sol no azul do céu, a brisa leve, eu de roupa alva banhada para Oxalá, passeava no Leblon, o território mais rico da cidade. Eu estava livre, Xica, mas veja: fui parada três vezes. A primeira por uma mulher, que perguntou se eu trabalhava como babá. A segunda por um homem, que me perguntou se eu trabalhava como prostituta. A terceira por um casal, que disse que lhes havia roubado o chapéu de palha. "Esse chapéu é meu, tenho um igual que acabou de sumir", disse a moça de bem. "Esse chapéu é dela, você pegou e eu vi", disse o moço bem-nascido, decerto nunca haveria de ter visto ali em seu bairro uma negra altiva de chapéu de palha, valha, não poderia ser! Uma negra de branco não está em paz: deve estar a serviço. Uma negra bonita não está apenas existindo: está em oferta, está à disposição. E, obviamente, os chapéus de palha não foram feitos para cabeças negras raspadas a navalha em terreiros: só pode ser ladra. Nesta quadra, rica quadra, só pode mesmo ser ladra. Peço que me abençoe com sua audácia e insolência para que eu passe por essa terra de cabeça alta. Vinga-me, Xica Rainha, descarrilhe um dilúvio em suas fuças para que não possam mais dizer mentiras. Que nasci alforriada e ainda assim, veja: tropeço dia após dias em armadilhas de grilhões. Hoje o Arraial do Tijuco chama-se Diamantina, visitam-se muito as igrejas montadas com o ouro das minas. Moro num quilombo novo, chama-se Vidigal, é um morro alto e belo e daqui vejo o mar que você quis tanto conhecer e não pôde. Tome meus olhos, Xica, tome meus olhos por um instante e veja o imenso mar, calunga grande que haverá de nos igualar cedo ou tarde. Apenas peço que intervenha por mim e não deixe que eu morra antes de fundar meu reino, antes de vingar com meu sorriso largo quem me quer triste. Não deixe que eu seja esquecida, Xica. Não te esquecerei. Aliás, não me apresentei: sou Natalia, filha de Maria, neta de Mariza, bisneta de Maria Zepherina e de Francisca e tataraneta de Dui, que não gostava de usar sapatos.

Natalia Amoreira
Rio de Janeiro / RJ

Saudações negras, irmã Angela.

Escrevo esta carta transbordada pelo sentimento que me acolheu em julho de 2017, quando vi seu nome em um encarte que anunciava um evento que aconteceria em Salvador. Eu não sou de Salvador, sou do Ceará, com muito orgulho, mas me senti extremamente conectada à Bahia naquele instante. Apoiada por uma amiga, comprei as passagens e procurei hospedagem tão logo confirmei a sua vinda ao Brasil. Confesso que não sabia tanto sobre você quanto sei agora, o que me intriga mais ainda: que sentimento tamanho e inexplicável foi aquele que tomou conta de mim e me fez procurar todas as possibilidades de ir ao seu encontro? Antes da viagem, eu ainda não sabia, mas logo eu descobriria. Querida irmã Angela Davis, aqui me refiro a você desta forma por reconhecer a sua importância na minha vida. A minha ida a Salvador em julho de 2017 me fez descobrir a cidade, as pessoas negras e boa parte de mim mesma. E eu devo isso a você, irmã. Aqui no Ceará, de onde te escrevo agora, meus irmãos negros foram invisibilizados pela historiografia, tanto que por muito tempo não pude vê-los ou reconhecê-los. A minha ida a Salvador, a capital mais negra do país, me deu um novo par de olhos. Ao ficar um dia inteiro em uma fila na reitoria da Universidade Federal da Bahia junto a centenas de pessoas, eu comecei a entender o chamado que havia sentido ao ver seu nome naquele encarte. Eram pessoas negras, homens e mulheres negros tão diferentes, tão bonitos, tão radiantes, esperando encontrá-la. Quando finalmente consegui adentrar a reitoria, me senti aliviada e feliz. Olhei para o lado, para cima, para trás e lá estavam meus irmãos, e lá estávamos, todos juntos. A reitoria lotou depressa, não podia entrar mais ninguém, mas logo veio a notícia de que você havia pedido para que deixassem entrar as pessoas que gostariam de ouvi-la. Ali, sim, eu me encontrei, me encontrei com meu povo, minha gente, meus irmãos. Não eram centenas como eu pensava, eram milhares de pessoas, agora ocupando cada centímetro do chão da reitoria. Quando você entrou, irmã, eu entendi definitivamente o chamado de dias antes. Cada pelo do meu corpo se arrepiou, claro que por sua presença – foi, é e sempre será uma honra estar no mesmo ambiente que você – mas também pela agitação dos meus irmãos, pela celebração, pelos rostos emocionados. Foi ali, Angela, ali eu soube quem eu sou, ali eu senti que precisava e preciso dos meus irmãos perto de mim, ali eu quis conhecer e me conectar a cada um dos meus aqui no Ceará. Diante da sua presença no auditório da reitoria da UFBA, eu me conheci, me conectei com meus ancestrais e vi que não tinha como voltar atrás, e eu jamais poderia querer voltar atrás. Eu finalmente entendi a liberdade da qual tanto se fala. Eu senti, naquele momento, junto aos meus irmãos, junto a você. É verdade que, em um mundo racista, ninguém quer ser negra. Mas conseguir perceber a riqueza que é ser negra; atender ao chamado e sentir esperança no aquilombamento junto a todos os meus irmãos negros e negras. É uma lição que aprendi com você, irmã. Então encerro esta carta te agradecendo. Obrigada por possibilitar que eu me achasse e buscasse achar os meus, que antes não reconhecia. Obrigada pelo livro autografado. São sempre motivo de alegria as lembranças despertadas pela sua assinatura. Obrigada pela sua escrita, pela sua fala, irmã. Uma das coisas mais importantes que eu preciso fazer antes de partir é te encontrar de novo.

Um abraço negro, com muito amor e admiração,

Anne E B Gomes

Caucaia / CE

Para Lélia Gonzalez, com amor.

Escrevo esta carta porque não posso te encontrar. Já imaginei inúmeras vezes como seria...

Mas a verdade é que não preciso te ver, você ultrapassa a presença física. Já te encontrei quando me reconheci mulher negra, você está em mim, em nós, em cada uma que sobrevive e vive neste país.

Você transcende e eu consigo imaginar o cheiro... cheiro de arruda, que é proteção, atrai coisas boas, é esperança... Minha avó sempre colocava uma atrás da orelha, como manda a crença africana; vocês iriam se dar bem, eu também não a conheci, mas sei disso tudo. Tem coisas que a gente só sabe.

Outras tantas eu não sabia antes de te conhecer.

Sempre quis te falar isso e também te ouvir, aprender mais, praticar o pretuguês e reverenciar sua ginga. Escrevo essas palavras e ouço o som do seu sotaque, imagino parecido com o meu, afinal, somos conterrâneas de Minas, mas eu não sei repetir... embora eu tente.

Não é só o sotaque, mas sua voz, suas palavras, elas precisam ser ecoadas em todos os cantos... Eu tento! Acredito que só a repetição diária do que você plantou aqui pode transformar este lugar.

Eu queria que o país inteiro te conhecesse, sentisse seu cheiro de arruda, se identificasse com sua história, conquistasse vida afora a negritude que você tanto fortaleceu, como você bem disse, "uma pessoa negra que tem consciência de sua negritude está na luta contra o racismo". Essa luta ainda continua... O Brasil pouco mudou desde que você se foi, mas nós tentamos, caminhamos e esperançamos...

Ainda é difícil, mas também me reconheço e me fortaleço nessas batalhas, sei que seguimos juntas. Você me ensinou tanto sobre tornar e ser uma mulher negra; foi tão encorajador saber que nossa história foi escrita por mãos como a sua. Vivo nossa ancestralidade e hoje, eu só queria que mais mulheres sentissem isso também. Como esse cheiro, que eu já não sei mais se é de arruda ou de luta.

Manda um sinal, Lélia, fortaleça os nossos. Precisamos de você para continuar a ter esperança de um Brasil que fale o pretuguês aos quatro cantos, que reconheça sua importância, que conheça nossa própria história, que valorize nossa malemolência, nossa brasilidade, nossos prazeres, que transe (você falava isso)... É... Tem tanta coisa que deveríamos aprender com você.

Precisamos te sentir diariamente em cada passo dado, voltar às origens e às raízes, para acreditarmos em um futuro possível. Escrevo porque não posso te encontrar, mas posso seguir de mãos dadas às companheiras desta jornada.

Esta carta é um agradecimento e um pedido para que você abra nossos caminhos.

Aahh...

Só mais um: dá um abraço na minha avó? Ela também adora esse cheiro de arruda.

Te sinto,

Raísa Soares Souza

Coronel Fabriciano / MG

Saudosa Maria Firmina dos Reis,

Hoje o céu está nubloso e com um aroma gostoso. Sentada na varanda, recordo o quanto você me fez bem nos momentos difíceis. Ainda somos alvos de perseguição e discriminação, mas nosso povo ainda está na luta por nossos direitos. Venho lhe agradecer por ter me salvado de mim mesma: a sua vida se tornou uma inspiração a ser seguida. Sofri na vida e carrego no corpo as marcas da violência humana, por ser negra e mulher. Considerada a primeira mulher negra romancista brasileira e nascida no meu estado, você é uma alegria para mim. Foi pensando em você que comecei a desabafar em poemas e contos. Foi pensando na tua trajetória que hoje estou me formando em Pedagogia, com o objetivo de salvar vidas, assim como você salvou a minha. É triste não te abraçar e dizer o quanto estou grata, mas um dia estaremos juntas escrevendo os melhores romances.

Com muitas saudades e sinceros sentimentos,

Hyannes Souza

Codó / MA

Olá, minha amada Rosa Parks! (A flor mais linda do jardim)

Quando eu era criança, tudo que sabia do Alabama estava em uma canção infantil: o lamento e a promessa de um homem na seresta do bandolim para a sua amada.

Mas a tristeza do seu lamento me contagiava e ressuscitava fragmentos da minha ancestralidade.

Veja que ironia da HISTÓRIA: escrevo para você de uma cidade que nasceu do pesadelo de alguns homens que não queriam viver o sonho americano, apenas a ilusão, e negavam a igualdade de direitos para aqueles que não eram brancos como o algodão, tão cultivado nessas terras no início.

E você, Rosa, costureira, há muito tempo ouvia os lamentos do Alabama, cansada e sentada, só queria ir embora. A sua coragem foi a chave que abriu o levante civil.

E caminhando, cantando, disseram não, trouxeram a existência de uma outra era, a máxima de Vandré: "Ainda fazem da flor seu mais forte refrão, e acreditam nas flores vencendo o canhão."

Quando estudava a escravidão na escola, tudo se resumia a um desenho de um homem negro estereotipado, reproduzido em mimeógrafo, quebrando o elo de uma corrente simbolicamente, que nem de longe lembrava as pinturas de Portinari; contudo, e sem o texto com contexto, o pretexto-preto começava a fazer falta das aulas de história nessa parte.

A palavra "escravo" era a epopeia que não narrava a história do meu lado, o processo doloroso, brutal, excludente e reforçado pelas novelas.

Sentada nos bancos escolares, era solitária em um mundo do *power* branco. Era necessário ser fortaleza e vencer as muralhas, as pontes ainda não existiam.

Até hoje não sei do lugar que vim, mas a ÁFRICA HABITA EM MIM, sou pertencente, sou presença de uma obra de arte de povo pioneiro do progresso dessa terra incandescente.

Rosa, tenho uma teoria, quero compartilhar contigo: a força que há em mim é a centelha de luz e inteligência que cruzou o Atlântico.

Hoje andando pelos corredores da história, me detenho diante da porta daquele ônibus no Alabama, olho e vejo você acenando de pé e soprando com seu hálito:

– A chama não se apagará em mim e chama...

Levantai-vos, crianças, chamas eternas.

Mara Terranova
Americana / SP

Querida Katemari Rosa,

Escrevo-lhe numa época em que não querem permitir que cumprimentemos a ciência. São tempos em que não querem que parabenizemos você, uma cientista negra. São tempos em que falar de ciência pode ser fantástico, ou pode ser proibido. Lembramos de muitas mulheres maravilhosas e nunca incluímos as cientistas. Estamos em todas as áreas preservando as nossas memórias. Todas e todes são guardiões das nossas histórias-memórias. Você criou um banco de histórias de negros e negras cientistas brasileiros e, de minha parte, e com outras e outros, zelo pela memória literária da comunidade. Sabemos que devemos preservar as nossas memórias em lugares bem guardados ou até em lugares secretos.

Você tem notícias de que existem capitães do mato do século XXI caçando as nossas histórias-memórias? É um apagamento secular e perverso orquestrado pela branquitude e executada pelos nossos. Poderia aqui falar nomes de negros e negras que se prestam a esse papel. Contudo, em tempos de internet, uma terra de ninguém, as mensagens têm que ser cuidadosas. Antes elas eram algo confidencial dentro de envelopes que estavam sempre nas boas mãos de carteiros de todas as partes do país. Agora o correio eletrônico pode publicizar o antes confidencial, expondo-o para o bem ou para o mal. Não é medo, não, mas quero que esta carta chegue até você intacta, como se algum carteiro ou alguma carteira a entregasse em mãos. Medo, sim, da velocidade com que o país está andando para trás. Estamos em um desrespeito geral. Medo, sim, mesmo que a ciência tenha razão. Às vezes o convencimento dos contra é resolvido à bala. O autoritarismo está marcando as nossas vidas.

Também não quero que esta missiva caia em mãos erradas, porque dirão que "ela é muito militante"; falarão: "Chega de mimimi." Mas você, Katemari Rosa, sabe do que estou falando. Como cientista, sabe tudo do corpo humano e sabe que o racismo mata, que não é um vírus ou uma doença, porém um câncer que apodrece a humanidade. Quero mandar-lhe flores, aquelas colhidas no jardim das mulheres negras, que contam e encantam com suas histórias de vida e resistência. Vou incluir rosas vermelhas, que simbolizam a sua, a nossa resistência. Nós sabemos que o feminicídio também impera em nosso país, que as mulheres negras estão no topo do ranking dessa violência, mas mesmo assim quero mandar-lhe rosas de todas as cores, porque às vezes lembro que amamos. Rosas Negras já somos todas nós, assim como as mulheres que atuavam na organização Frente Negra Brasileira, na década de 1930. Katemari Rosa, essas flores que você receberá foram embrulhadas com mãos de escritoras calejadas de tanto trabalhar com as palavras. Não repare no tratamento da escrita, porque são mãos de mulheres negras que nos passaram, de geração em geração, os segredos para abrirmos as portas. Não repare se as palavras não são adocicadas ou se faltou mel. A ira é contra a branquitude racista, que fica acordada 24 horas. Só resta a nós vigiarmos e cuidarmos umas das outras, uns dos outros.

Não repare a falta de uma escrita acadêmica, que deveria ser do seu nível, uma doutora formada em Nova York. Sabe, doutora Katemari Rosa, a vocês, cientistas, que muitas vezes dão a própria vida para encontrar a cura para as mazelas humanas, só tenho que agradecer. Agora, na minha escrita, você e outras cientistas serão lembradas. Aos negacionistas, um "sinto muito". Querem, mas não conseguirão nos apagar ou cancelar a nossa história-memória. Seguiremos.

Esmeralda Ribeiro
São Paulo / SP

Cara Alice Coltrane,

A primeira vez em que toquei uma harpa sinfônica, minha professora disse que minhas mãos ainda não tinham calos, e que eu precisaria tê-los em breve. Veja, toda mulher negra no mundo precisaria refletir durante alguns bons segundos antes de ouvir uma coisa dessas.

Demorou uns seis meses para eu perceber que aquela não era uma coisa tão absurda assim de ser ouvida. Entendi que, para me tornar virtuose em um instrumento de orquestra, eu teria que me machucar.

Senhora Coltrane, você é a mulher mais interessante do mundo. Cosmopolita, que ainda muito jovem mudou-se dos Estados Unidos para Paris a fim de estudar. Tornou-se uma pianista completa tão cedo, casou-se tão cedo, foi mãe tão cedo. Você transbordou, pegou com seus dedos longos tudo o que a vida tinha de mais bonito e conquistou. E depois de novo, e de novo, e de novo.

Você teve a educação conservadora tão desejada por muitos musicistas do mundo hoje, e ao longo da vida usou tudo o que sabia para transitar pelas artes abstratas. Tentou de todo jeito falar com os deuses. Você deu à arte o sentido que ela mais me toca, que é o de dar beleza ao que é incompreensível. Se não às nossas dores, à nossa completa incapacidade de entender a nossa existência, afinal.

Toda vez em que me curvo diante da minha harpa, me vejo em você. Eu me sinto um planeta. Mas os planetas são o caos, e não há ordem. O metrônomo começa a tocar, em ritmo baixo. Um. Dois. Três. Quatro. Um. Dois. Três. Quatro. Um. Dois Três. Quatro. Um. Dois. Três. Quatro. Eu alinho as mãos e continuo tocando a peça, olhando fixamente para as cordas, e nunca para a partitura. O som dos meus sapatos sincroniza com as batidas do metrônomo, mas minha saia desliza e todos podem ver meus joelhos secos. Eu sou negra. Eles são assim. Você é assim. A nossa disciplina é a de não ligar para o que eles pensam. Um. Dois. Três. Quatro. Um. Dois. Três. Quatro. Um. Dois Três. Quatro. Um. Dois. Três. Quatro.

No final da vida, dizem que você cedeu aos caprichos de uma filosofia holística, que teria flertado perto demais dos cosmos, e ali desapareceu. Pra mim, tenho que você simplesmente seguiu o caminho que traçou até o fim, rumo às estrelas mais brilhantes. E da mais alta nota dissonante, continuou nos iluminando daqui.

Ana Carol Alves

São Paulo / SP

a MÃO que nos trouxe ATÉ AQUI

Essa é uma carta de amor para Adda Lygia Rissope. Amor por acolhida, colo e desejo de esperançar.

Lygia me lembra saudades de lá. De lá de onde venho, onde se cozinha doce no fogareiro de barro, com carvão e tempo.

Não sinto certeza, na vontade de correr, te escrevo pra falar. Mando notícias de quintal e um lembrete: memórias me guiam no caminhar e elas vêm de ti, *cumade*.

Da irmã que me dizia: "Não sente que é hora de partir? Que teu lugar é mundo afora?"

A tua força ancestral tem cheiro de hortelã colhido no canteiro de vovó, teu sorriso é candeeiro aceso a iluminar escuras noites.

Tua pele irradia presença, com marcas de tempo, tempo habitado por suturas que te fizeram; seu estar no mundo é (r)existência e teu pulsar será cada dia mais cheio de vivacidade.

O teu cantarolar é uma das minhas sonoridades prediletas, é como a canção de ninar que mãe me cantava pra dormir.

Tua pele é lar, lar de beira de rio, daquele que juntas lavamos roupas rodeadas de crianças.

Contigo aprendi que as pessoas no nosso entorno precisam comer bem, afinal, fartura é um dos nossos temperos prediletos. Aprendemos porque somos VIP – Vindas do Interior do Piauí – e gostamos de celebrar a *prosperity*.

A mulher que trovoa meu juízo te saúda e reverencia, a cada etapa somos conectadas por esse fio narrativo de duas comadres que falam da vida, carregam forças de matriarcas, das que vieram antes, das que nos fazem esperançar, das nossas famílias, das que nos ensinaram a ter valentia e relembram: para nos mantermos vivas, faremos o que preciso for, viramos até fera.

Dependendo da Lua, estamos de ponta-cabeça e tá tudo bem, armamos arapucas e preparamos nossos (des)caminhos para voltar, liberamos revoltas contidas para que cheguem aos hipócritas do sistema que nos querem como estatísticas. Mas eles não esperam que sigamos vivas! E nós preparamos a ReviraVolta, vamos além com o nosso serpentear na areia quente, respondemos com rebeldia:

– DesconJuro!

Teu pensamento desassossegado é alma que cria a cada passo dado. Que essa agonia não te roube o fôlego, que teus pés na terra te lembrem onde está enterrado teu umbigo.

Tua companhia na manhã derradeira é como cura da rezadeira Edite do Alto Bonito, me fez guardar a nossa vontade de registrar passagens por esse mundo, com nossa existência criadora.

Tu és gênia ou, como tens anunciado, TransGênia. Um dia essas palavras te chegarão, como a delícia de quem vive um amor recíproco. E, por falar em amor, é ele que te desejo, gaitadas de prazer, andar livre por aí, com teu peito de mulher aquática, que vai da calmaria ribeirinha à intensidade do desaguar no mar. Que se sinta amada, escutada e acolhida como tão bem faz aos que por perto estão.

Saiba que o rastro que tu deixas no mundo é circuLar e impacta quem entrar nessa gira.

Milena Rocha

Teresina / PI

Pró Anória,

Estou te escrevendo, em primeiro lugar, por estímulo de um projeto que tem como objetivo lembrar e homenagear mulheres negras que nos trazem esperança; em segundo, porque justamente esta última semana que passou tivemos uma conversa, daquelas que só quem tem com a senhora sabe do que estou falando: cheia de esperanças.

Sabe, pró, quando nos conhecemos na minha graduação, jamais imaginava o quanto sua representação seria importante como é no dia de hoje. Lembro das histórias que contava durante nossas aulas de literatura africana e como seus olhos se enchiam de brilho. Sua fala, como sempre te digo, cheia de mágica, fazia qualquer um parar o que está fazendo e prestar atenção. Lembro da rainha Nzinga, e de como a senhora deu um jeito de tornar nossa criatividade mais acesa ao nos solicitar um conto sobre ela, eu e minha equipe nos sentimos a última Coca do deserto. Lembro também de quando fiz disciplina especial no mestrado, não foi diferente da graduação, desde o primeiro dia de aula me senti acolhida e em momento algum me senti deslocada ou menor que qualquer um.

Doce, sincera, acolhedora, cativante, são pequenas palavras que selecionei para adjetivar a sua presença na minha vida.

Gostaria de te agradecer por ser essa mulher negra inspiradora e que move o seu mundo de esperanças. Mesmo quando meu dia está cinza, quando me sinto incapaz na produção acadêmica, quando meu desejo é me afogar na solidão e tristeza, um encontro contigo, nem que seja virtual, faz renovar a esperança de dias melhores, de alívio, de que não estou sozinha e não preciso enfrentar tudo só. Em um espaço em que a luta pelo egocentrismo vem ganhando cada vez mais notoriedade, ter um olhar como o seu é raro, ter uma escuta atenta e acolhedora é como ganhar na mega-sena.

Com a senhora, pude entender como a vida negra é dura, mas como ela é linda também. Aquele "abraço negro, sorriso negro", como diz a canção, que "traz felicidade", o ser negro que merece e precisa amar e ser amado, que merece ser atendido com delicadeza e total conhecimento para que não alimente uma estrutura racista. Obrigada por ser humana e tão humana, por acolher quem eu sou e como sou. Eu espero que um dia seu trabalho seja ainda mais reconhecido e valorizado, que você consiga sempre desfrutar da vida e do amor. Como gostaria que outras mulheres negras e até homens também tivessem a oportunidade de te conhecer, de aproveitar pelo menos uma tarde com a senhora. Sei que lutas pela justiça, por justiça dos menos favorecidos, desde a escolha de estudantes para bolsas de iniciação científica até as bolsas de estudo do mestrado (eu que o diga); a senhora sempre faz questão de nos lembrar quem somos, de onde viemos, e que para onde ir depende do que o nosso querer deseja (e não o do outro). Seria uma alegria imensa que todas as mulheres negras desesperançosas encontrassem ou ouvissem apenas uma palavra de amor da senhora. Não tenho dúvidas do quanto se sentiriam renovadas e vivas, assim como eu esta última semana. Antes de ir, só queria te relembrar um trecho que aprendi em suas aulas e nunca me esqueci: "Enquanto o leão não aprender a escrever, as histórias de caçada irão sempre glorificar o caçador." Obrigada por me ensinar que posso escrever e contar minha história com os meus olhos, com o meu coração, com a minha vontade.

Com amor, gratidão e esperança,

Jaine Vieira

Alagoinhas / BA

Prezada tia Francisca,

O motivo desta é fazer justiça, ainda que tardia, à senhora, depois de tantas décadas do seu falecimento, porque a mim ainda importa falar sobre muitas das atitudes que você tomou, decisivas na minha formação, e que me transformaram na mulher que sou hoje.

A senhora, aquela negra roliça, com as nádegas grandes, que chamavam a atenção de todos. A senhora, com o terço sempre a fazer as orações da Hora do Angelus. A senhora, que foi a mulher mais independente que conheci, solteira, livre, desimpedida, muito orgulhosa de cozinhar bem, que eu via como uma pessoa invulnerável. Nada era impedimento para a sua felicidade, nem mesmo o fato de não ter casado nem tido filhos. E era muito conversadeira.

Uma vez, a senhora travava uma "conversa de adultos" com outra mulher e te ouvi dizer: "fala baixo que essa neguinha tem antenas e pega as conversas pelo ar." Parecia algo sem importância, não? Contudo, me apropriei dessa capacidade que a senhora enxergava em mim e, pelo resto da vida, passeio nesse universo de ser uma pessoa muito capacitada para o entendimento das conversas. Noutra vez, a senhora elogiou meu molho de macarrão, o molho de uma menina de uns dez anos, e aquilo para mim foi a glória, um elogio vindo de uma pessoa como a senhora, que se reconhecia como grande cozinheira. Passei a ser a cozinheira preferida, em todas as vezes que a senhora queria comer um macarrão com molho. A sua valorização da minha pessoa, seja na comemoração do aniversário de quinze anos, seja na roupinha de marinheiro como fantasia de carnaval, deixaram-me marcas indeléveis.

Perdi a data para a matrícula na escola pública, para ingressar no antigo curso ginasial. Tia Francisca, a tua decisão de bancar as mensalidades de uma escola particular foi demais! Isso, estamos falando de uma pessoa que recebia salário de empregada doméstica nos anos 1970, ou seja, um salário irrisório. Durante cinco anos, a senhora dividiu comigo os seus parcos rendimentos, num esforço grande para que eu pudesse estudar. Esse seu gesto, percebo agora, fez com que eu não temesse o futuro. Tudo era leve, tudo era viável e, em se tratando de estudar, sentia-me plena. Havia uma decisão da senhora e dos meus pais também, de que eu deveria me ocupar em estudar. Isso foi relevante, vindo de pessoas que sequer tiveram a oportunidade de se alfabetizar. A partir daí, foi fácil me transformar no orgulho da família. A menina que passava tardes inteiras lendo tudo o que aparecia, desde romances, contos policiais, jornais, revistas... Ler e nada mais. Lendo eu não criava problemas para a família, nem para mim. E sonhava e aprendia coisas.

Em meio a todas as vulnerabilidades da vida na favela e da pobreza tão grande, eu construí uma janela de sonhos e fantasias através da leitura. No íntimo, eu tinha esperanças de ter um futuro em que, pelo menos, a alimentação fosse garantida.

Daí me ocorreu perguntar, nesses dias atuais, como teria sido o meu desenvolvimento se não tivesse recebido esses presentes da senhora, que fundamentaram a minha autoestima. Como teria sido, tia?

Será que hoje eu estaria pós-graduada, aposentada do serviço público, em minha vida serena e feliz? Fiz carreira de assistente social, com o que aprendi na academia e com base na vida de favelada. Tenho certeza de que as mudanças sociais passam pela atuação do Estado, mas é muito importante também a acolhida e o afeto que recebemos da família.

Valeu, tia Francisca!!!

Prazeres Diniz

Brasília / DF

Para a velha desconhecida que diariamente diz aos meus filhos que eles são lindos.

Todos os dias, no mesmo horário, com variações imprecisas de dois a quatro minutos, eu acompanho os meus dois meninos até a escola caminhando e, neste trajeto, cruzamos com você. Digo, com a senhora.

A senhora, cujo nome eu desconheço, me lembra muito a minha avó paterna. Não sei se pela pele escura ou pelo sorriso macio e matriarcal com que nos cumprimenta e diz esfuziante: "Bom dia, meus lindos!" Chego a sentir o calorzinho do seu bem-querer. Eu digo ao meu pequeno: "Responde, filho: 'bom dia'" e retribuo o sorriso, também na tentativa de compensar o fato de que nem sempre ele irá responder. Você talvez não tenha notado que meu menino é autista e não sabe falar com muita fluência. Sem tempo para parar, você segue na direção oposta com urgência, assim como nós.

Queria que soubesse que, antes de a pandemia começar, havia outra senhora negra, um pouco mais jovem, que fazia exatamente a mesma coisa. Diariamente.

É muito comum sermos notados por senhoras pretas na rua. Uma troca de olhares e palavras que vão muito além de regras sociais polidas. Eu reconheço familiaridade ali. Reconheço um impulso intuitivo de cuidar e valorizar o que estamos construindo juntas enquanto mulheres negras. Naqueles sorrisos há aprovação, amparo, orgulho, esperança e legitimação da nossa presença, das nossas lutas e dos nossos valores. Apesar de tudo.

Apesar de tudo, nos reconhecemos em toda parte. Enxergamo-nos através do cansaço, da força, da raça, da alegria e do amor. E, especialmente, percebemo-nos através do sonho que nos move por essa "mania de ter fé na vida".

Apesar do racismo, as senhoras podem se sentir contempladas ao encontrar famílias negras existindo, construindo e criando crianças pretas lindas, fortes, saudáveis e escolarizadas. Essa resistência que nos conecta também me fortalece e me lembra da responsabilidade que eu tenho quando detenho o poder de transformar o mundo por meio da maternidade. Criamos e exaltamos nossas crianças para que sigam e floresçam preservadas. A senhora me enxerga todos os dias, em qualquer lugar, e confia seu legado a mim.

Glaucia Batista

Niterói / RJ

Amada madrinha,

Quanto tempo, não é mesmo? A vida nos separou abruptamente, deixando-me com muitas perguntas para fazer, vários conselhos para pedir, dores e alegrias para compartilhar. Ainda tenho viva na memória a lembrança de nosso último momento juntas. Você se preparava para a experiência mais mágica de sua vida: tornar-se mãe, sem esquecer que, de coração, já o era há algum tempo, pois, por amor, me acolheu, segurou minha mão e me ensinou a dar os primeiros passos numa caminhada de luta que uma menina negra teria pela frente.

Naquele dia chuvoso e frio de agosto, mesmo já sentindo as dores da chegada de uma vida que queria se anunciar ao mundo, você ainda encontrava forças para me dar recomendações para mais um dia de aula: a hora do banho, o uniforme, os cuidados no caminho, o comportamento na casa da vizinha que ficaria comigo até que você e vovó retornassem. E eu, que a ouvia atenta e preocupada em meio a toda uma situação tão inesperada, nem imaginava que aquelas seriam suas últimas orientações, suas últimas palavras, o nosso último dia. Não a ouviria mais me chamar carinhosamente de "pretinha" nem seria mais surpreendida com suas mordidas na minha bochecha, sempre em público, para implicar com a minha timidez excessiva. Perdi sua presença física tão marcante na minha vida, mas marcado no meu coração e na minha memória ficaria todo um legado de ensinamentos que me passou em nossa curta trajetória juntas. Foi com você, uma acadêmica preta, aguerrida, que aprendi a me enxergar e a me admirar como negra. A amar o meu cabelo, a minha cor, as minhas raízes. Lembra de quando nos sentávamos no chão para que a vovó – sua mãe – trançasse nossos cabelos? E de como me deixava à vontade para brincar de fazer o mesmo no seu? Ali, era você me ensinando as primeiras lições de autocuidado e autoestima por meio do afeto entre gerações. Lições que me foram fundamentais para enfrentar, ainda criança, as primeiras experiências de racismo na escola e que também me fizeram entender o quão importantes eram suas palavras quando me dizia que eu precisava estar sempre arrumada e limpa neste lugar e por que precisava sempre estudar para tirar as melhores notas. De um jeito didático, como boa professora que era, você já ia me alertando, desde cedo, sobre as discriminações que eu sofreria não só na escola, mas em diversos outros espaços dos quais tentariam me excluir, me negar, como ocorre com muitas de nós.

Foi também observando seu trabalho, sua fala e vestimentas militantes que aprendi as primeiras noções do que, hoje, entendemos por representatividade. Descobri em você o meu espelho, a minha referência de mulher preta com toda aquela postura firme e orgulhosa de ser quem era. E eu queria ser como você, inteligente, estudiosa, independente e forte. Permitir-me, como você, chorar sem me esconder, pois foi só depois que partiu que descobri que sua força se entrelaçava, também, a muitas dores e lutas; a uma caminhada de resistência que tanto nos enlaça enquanto mulheres negras. Você me deu o sentido de ser alguém sem precisar ocultar minhas fragilidades. Tornou-se minha bússola no enfrentamento das dificuldades, na busca pela concretização de meus sonhos. Devo a você a mulher consciente, independente e orgulhosa de mim e dos meus que me tornei. Sou esta mulher porque me ensinou, no pouco tempo em que estivemos juntas, o que eu precisava para trilhar minha jornada sem medo. És parte de mim.

A você, Marlene Cunha, minha gratidão e meu amor para sempre.

Janaína Nery

Saquarema / RJ

Cara Dione Carlos,

Borbulha, entre a carne dos meus dedos, o óleo que frita o torresmo e a água que acrescento no feijão, seu nome dentro das vozes de minha cabeça.

É assim, desde aquele nosso passado de terça em terça-feira, sempre pelas tardes, de se ver e ouvir, ainda que coletivamente, desde lá, que toda vez que me pego cabisbaixa, esquecida de minha própria força, te ouço me dizendo "tem que firmar o ponto, não pode deixar cair".

As certezas da minha vida sempre caminharam comigo, muito bem desenhadas, não esqueço do dia, ainda no ensino fundamental, que escrevi meu primeiro poema "te amarei eternamente, meu amado falecido", dramática e de escola romântica, com sete anos de idade, fiz meu primeiro verso. Eu era apaixonada, aula de poesia, aula de ouvir músicas e interpretar as letras... Aulas de escrever carta. Também não esqueço quando nos ensinaram: Remetente e destinatário, cada um em seu lugar, endereço, cidade, data. Fomos conhecer os Correios, pra criançada toda enviar. Tinha que escolher quem iria ler, com quem iríamos conversar, dizer, declarar. Escolhi a professora, lógico, as obsessões também já estavam se mostrando, rsrs.

Quando com doze anos escrevia diário, almejava o sonho impossível de ser atriz e de um dia ser convidada do arquivo confidencial no Faustão; eu nunca poderia imaginar que eu carregava o poder de construção da minha própria narrativa. Nem com dezoito, prestando vestibular e passando na USP, nem com 23 largando o CLT pra ser artista independente, nem com 25 correndo trecho no teatro paulistano, sentindo que meu corpo não cabia em lugar nenhum e que minha escrita nunca seria entendida por ninguém, com a vida pulsando feito angu fervendo na panela...

E nem com 26, ano da certeza plena, da descoberta física, química de mim mesma, "tudo brilhando em mim, tudo ligado como se eu fosse um âmbar elétrico...", nem ali. Até eu chegar aos 27, entrar na sala de cima da Escola Livre, no meio de um processo seletivo doloroso e caótico, olhar pra você sentada na minha frente, dizendo como se não fosse nada: "vem pro núcleo de dramaturgia, as portas estão abertas pra você."

Naquele dia algum Odu foi forçado a se movimentar, teve festa entretempos-espiralar, alguma coisa aconteceu.

Entendi que aquilo tudo já era dramaturgia correndo nas veias. Que nas frestas das incertezas, o caminho também escorre.

Dione, hoje deixei sua voz ecoar pela minha casa nova, a autorrepresentação. Por aqui, às vezes ainda é difícil abrir os olhos pra dentro, com generosidade além da disciplinada autocrítica. Quem sabe eu ainda desejasse a barra da saia do seu conhecimento e carinho. A pedagogia do seu sorriso, a porta entreaberta da lucidez, os tiros de realidade, e o otimismo que da lama trazia a gente pra alguma superfície desconhecida. Mas as mães também crescem e precisam voar.

O que mais me admira em você é sua humanidade, "gosto de gente que sangra, que chora, grita e berra. Nada de santa virgem, sem facão pra matar", você concordaria comigo.

Por aqui, correm saudade e outros gatilhos de formação, rastilho de pesquisa e fogo nas patas de uma jovem dramaturga.

No meu corpo a sua presença ainda resvala, e minha escrita ainda te agradece.

Coisa que também nunca vou esquecer foi sua certeza que agora suturo em mim todos os dias: "você é uma dramaturga, só tem que sair do armário." Obrigada por tudo.

Um beijo e o desejo de abraçar,

Cynthia Regina

São Paulo / SP

Oi, tia.

Quando te escrevo esta carta, junho/2021, estamos separadas. São 7 mil quilômetros, a Covid-19 me impedindo de ir te ver, o alzheimer separando nossas lembranças. Nossos passos juntas vêm de longe... Sei porque me contaram. Como nós três no mar – eu, você, mamãe. A onda vem com força, me tira do colo da mãe, oferece à Iemanjá. Você, sempre a postos por mim, me pega à frente... "Essa é minha, Iemanjá!!". E nunca mais soltou.

Você sempre foi do mundo. Saiu da Raiz da Serra pra estudar no Pedro II, melhor aluna da classe! Só não recebeu a Pena de Ouro por ser preta demais. De lá, para a Universidade do Brasil, hoje UFRJ, Bacharelado em Química. Mestrado no Instituto Nacional de Tecnologia e, depois, mais mundo: foi fazer doutorado na Universidade de Buffalo, NY.

Uma mulher negra se doutorando nos Estados Unidos em 1977 não era algo comum... E lá você se tornou mais negra. Antes, os cabelos eram alisados. E, de repente, chega aquela foto: você de suéter vermelho e um lindo, enorme cabelo *black power*. Muito anos setenta, mas absurdamente novo e impactante pra mim. Não demorou muito para que eu quisesse parar de usar Wellin e decidisse cortar o cabelo. Não foi fácil. Ter o cabelo "natural" não era uma tendência.

Falar de mulher que me inspirou é falar de você. Não importa a minha idade... Lembro da minha orientadora do mestrado, quando quiseram alterar a data da defesa. Ela argumentou que não seria possível, pois "a tia dessa menina está vindo dos EUA pra assistir". A menina, eu, tinha 38 anos, rsrs. Mas é isso, pra sempre sua menina, pra quem você proporcionou muitas coisas, muitas experiências.

Minhas viagens aos EUA aconteceram porque você me quis lá. Na primeira, com a vovó, duas cenas inesquecíveis: na primeira, ela chorava lembrando que, quando você era menina, ela escreveu para Carmen Miranda, pedindo pra ela te levar pra estudar nos Estados Unidos. Mas não precisou! Porque você foi lá e fez isso sozinha, amparada por esta família maravilhosa que a gente tem. A outra lembrança é também com vovó (corajosa, indo pela primeira vez aos EUA com 85 anos). Ela brigando comigo por causa da mala e você me defendeu... Brigou com ela porque ela estava brigando comigo! Aquilo foi enorme pra mim, porque ela era seu grande amor – também. Eu estava triste porque ela estava brigando comigo, mas me enchi de felicidade com a sua defesa, porque sei o quanto a família e suas ancestrais eram importantes pra você.

Lembro quando você levava a vovó para ver as irmãs. De Vila Isabel (apartamento comprado com a grana da bolsa do doutorado) para Guadalupe nas tardes de domingo. Eu não entendia muito bem, porque você chegava lá, almoçava e dormia. Hoje eu sei. Apesar do cansaço – aulas à noite no Estado, aulas durante o dia na UFF, pesquisa no Fundão –, não deixava de demonstrar o seu amor pelas mais velhas e proporcionava esse convívio. Minha vida é herança sua também. Por isso escolhi estar com você aos treze anos. Saí da Bahia, onde meus pais moravam, e vim morar com tia Vera no Rio de Janeiro. Nunca mais voltei.

Seu amor sempre suplantou tudo, e isso me conforta na ausência da sua memória, que ainda guarda os meus nomes. Ana, Aninha, Ana Cláudia, Anita. Anita, só você me chama Anita. Chamada no WhatsApp, você vê meu rosto e fala: "Oi, Anita." Isso é tudo pra mim. Queria ter gravado o dia em que eu disse "amo você" e você respondeu: "também te amo, Anita"...

Seta, meta, modelo... É isso que você é pra mim, Vera Regina. Minha Verdadeira Rainha.

Ana Barbosa

Rio de Janeiro / RJ

Querida Tamillys,

Estou, neste momento em que escrevo, sentada à mesa de trabalho, na parte "escritório" dentro do meu quarto, onde tenho atuado como psicóloga. Você deve lembrar bem que essa possibilidade de atuação foi uma questão muito angustiante, mas aqui estou. Quando me sentei aqui, estava pensando sobre um convite, que me chegou via rede social, de escrever para uma mulher negra que me inspirou a ser quem sou; de um projeto de livro chamado *Cartas para Esperança*.

Esperança. Debruçando-me sobre essa palavra, penso na espera. Enquanto tornava-me negra, sua companhia me ensinou a esperar e, por vezes, isso significava me recolher, me cuidar, lavar as feridas. Eles nos querem mortos e nós precisamos de ferramentas para sobreviver, não é mesmo?

Mas, como bem lembra nossa querida Audre Lorde, sobreviver é algo que nunca estivemos destinadas a fazer. Para além de uma afirmação que nos impulsione a ultrapassar os medos, tomo isso como máxima para ousar afirmar que nosso destino há de ser bem mais do que sobreviver. Não dá para enfrentar o mundo sem nos fortalecemos antes, mas é fundamental que não apenas sobrevivamos, você me ensinou. Por isso, quando pensei em esperança, em você, pensei não na espera passiva, mas numa ação que é gestação de futuro; e nesse futuro cabe tudo que quisermos que caiba.

Tenho entendido – e te agradeço imensamente pelos empurrões – que é necessário que façamos o exercício de criação de possíveis. E é por isso que hoje, já no futuro dos nossos encontros, ocupo espaços que tempos atrás pareciam inviáveis. Foi preciso esperança, foi preciso nutrir cada possibilidade até transformá-la em fato. E é com essa esperança que eu, hoje uma psicóloga preta, venho tentando fazer da clínica um lugar em que outras mulheres como nós possam também construir possíveis.

Acho que podemos tornar a esperança um verbo. E meu esperançar será para que nossas irmãs e nossas mais novas possam estar vivas, visíveis, acesas, para gestar o futuro que bem entenderem. Essa carta carrega seu nome, mas representa minha gratidão a todas que tornaram possível que estivéssemos aqui e que nos encontrássemos. Obrigada por caminhar comigo.

Com afeto,

Laryssa Monteiro do Rosario

Campos dos Goytacazes / RJ

Querida Maya (ou será que deveria lhe chamar de Marguerite?),

Bom, vou chamá-la de Maya, porque foi assim que a conheci. Maya, a menina negra do sul. Eu também sou uma mulher negra do sul – do sul do globo, na ponta latina do mundo, onde também se planta algodão, mas se lidera a exportação mundial da soja e a vende internamente a preços exorbitantes. O país do carnaval e da contradição, "abençoado por Deus e bonito por natureza" e devastado pelo negócio "pop" que mais lucra. Brasil, salve!

Sabe, Maya? Há menos de dez anos tomei consciência de que sou uma mulher negra e das grandes questões em torno desse conhecimento. Engraçado dizer que tomei – até parece que conhecimento racial é uma bebida pronta, que pode ser engolida. E ainda que fosse algo que pudesse ser consumido, provavelmente seria carne de segunda, nervos, pescoço... Não seria comida fina que se saboreia, mas comida dura que se digere, porque é preciso alimentar o corpo e manter-se de pé.

Nessa caminhada de (auto)conhecimento, tenho devorado livros feitos de carne de mulheres como eu, como as que me antecederam – como você. Mulheres que "cantam nas gaiolas". Seus livros são duros e poéticos, imagino que para você tenha sido também. O pano de fundo da vida de nós, mulheres negras, de norte a sul, da América até a África, é marcado por dificuldades de diferentes ordens, que perturbam nossa mente e tolhem nossos sonhos. Amefricanas, como dizia Lélia. Transformando o luto em luta, desde a retirada de nossa primeira Terra natal – África. Sem romantismos, mas fazendo da vida dura poesia para sobreviver.

Tenho aprendido muito sobre o "tempo" com você, Maya. O tempo cronológico me atormentava bastante, ainda me sinto pressionada por ele, é verdade. O tempo de me formar na universidade, o tempo de me casar, o tempo de ser mãe. Completei cada uma das etapas, permaneci incompleta. E o tempo do sucesso de viver daquilo que se ama fazer, quando chegará?

Meninas e mulheres negras do sul têm protocolos a cumprir que atravessam o tempo comum e invadem os nossos ciclos. Quando nos damos conta, a necessidade do dinheiro nos encaminha para um trabalho antes mesmo da formação universitária, na maior parte das vezes. Em outras, o casamento vem como causa natural da aquisição da maioridade e os filhos, como consequência. Quando muito, tudo isso acontece junto.

As ordens da vida geralmente se misturam. Quebramos as regras sociais e ficamos ainda mais vulneráveis e sobrecarregadas – divórcio, maternidade solo... Avós que cuidam dos netos para que as mães possam seguir sem saber para onde, sem porto ou ponto de chegada. Relações esgarçadas em tecidos de vida das filhas-mães-avós.

Se Simone (Beauvoir) escreve nas linhas do tempo de sua literatura, histórias de existência, velhice, loucura e solidão de mulheres do umbigo do mundo, nós, amefricanas, escrevemos narrando e bradando pelo direito à existência, no delírio de viver coletivamente nossa solidão com dignidade.

Maya, eu te agradeço pela restituição do direito de sonhar, criar e contar histórias com poesias nossas, extraídas de nossa carne – "a carne mais barata do mercado, a carne negra". Nem o tempo e nem a vida me assustam mais.

Um beijo!

Renata Rocha de Oliveira

São Gonçalo / RJ

Dona Dijé,

Tenho certeza de que esta carta te alcançará em serenidade, como sempre a vi e ouvi. Desde quando ancestralizou, várias coisas aconteceram aqui que não te deixariam felizes, dona Dijé. A senhora não chegou, em vida, a ver os resultados das eleições de 2018 e também não viu os resultados desastrosos de um pandemônio em meio a uma pandemia. Ouvi falar que muitas pessoas boas estão partindo para auxiliar espiritualmente na cura da Terra, tenho certeza de que a senhora foi chamada antes para esta difícil missão. "É uma comunidade (...) que preserva os nossos ancestrais, que a gente acredita que é uma força que nos ajuda e que segura em nossas mãos pra dizer: não cai, levanta". A senhora lembra quando falou isso? Agora é uma ancestral. Assim como eu, várias mulheres estão passando por momentos de solidão e desespero social nesses tempos. A senhora esteve em meus pensamentos em vários desses e me ajudou a erguer e agir. "Eu sou mulher, mulher negra, quebradeira de coco. Eu sou várias!" Como várias, a senhora ancestralizou para muitas de nós, mulheres (e homens) que tiveram a honra de te escutar ao menos uma vez nesta vida. Mas especialmente para nós, mulheres, e nós, mulheres negras, para quem a senhora falava mais diretamente sempre com firmeza, suavidade e profundidade inspiradoras. Tenho certeza de que a senhora teria algo sábio para falar nesses dias tão sofridos e como eu gostaria de poder escutar (!), mas certamente a senhora menos falaria e mais agiria, e é o que estou tentando fazer, dona Dijé, inspirada em ti. Com a senhora, aprendi o verdadeiro significado da palavra esperançar, que tem a ver com luta, solidariedade, união, respeito. As lágrimas que derramo ao escrever esta carta não caíram no momento em que soube da sua partida. Ali preferi pensar no seu legado, na sua força, na honra de ter podido escutá-la, mas foi besteira, hoje choro interna e externamente cada perda irreparável de nossos povos e comunidades tradicionais, vítimas de um governo desastroso. Conheci-a novinha e nem lembro qual foi o evento – tentei aqui, mas a memória não ajudou. Lembro-me, no entanto, que a última vez que te ouvi foi no quarto Encontro Nacional de Agroecologia, há exatos três anos e três meses. "A gente não aprendeu a lutar porque naquele momento a gente queria aprender a lutar" – a senhora falou. "A gente aprendeu a lutar porque nossos antepassados já lutavam, e se eles já lutavam, eles deixaram um legado pra nós: a gente tem que ir à luta." Aprendi muito com a senhora sobre como me colocar nas lutas e essas lembranças com certeza me trarão forças para continuar nelas. Pode deixar, dona Dijé, honrarei meus ancestrais, como me ensinou. Meu exercício é ser/estar firme, suave e profunda. Tenho profunda gratidão por isso! Entendi muito cedo que a luta não é uma escolha, mas hoje escolheria lutar, se assim pudesse. "Eu (re)existo porque alguém antes de mim (re)existiu" – coloquei esta frase sua numa camisa logo após a sua partida e, com ela, fui para uma oficina no interior de Sergipe, onde conversei bastante com jovens que me perguntavam quem era dona Dijé, a dona da frase tão profunda riscada em branco na blusa preta que eu usava. A senhora esteve presente ali, como está agora – bem aqui – e sempre estará porque deixou em cada uma e cada um de nós uma sementinha que germinará em luta. Sempre que cair, me levantarei também segurando sua mão, e serei um braço que ajuda a levantar.

Um abraço e um sorriso largo!

Fádia Rebouças

Brasília / DF

a Sua Bênção

Amada Paula,

Ao dar início a esta escrita, derramei uma lágrima. Eu, uma mera aglutinação sólida de pensamentos líquidos, não poderia pensar em jeito mais coerente de começar a escrever-te.

Olá, sou um de seus afluentes. Seis gerações marcam esse caminho d'água que me liga a você. Eu, Lara de Paula, filha de Jane Fátima de Paula, neta de Terezinha de Paula Cunha, bisneta de Zaíra de Paula, trineta de Antônio de Paula, e tataraneta de Paula, a que nos deu o sobrenome. De ti pouco sabem os vivos de nossa família. A informação mais completa se resume a uma frase curta: "era escrava lá pros lados de Diamantina."

Nem por um minuto de minha jornada prévia pensei que meu sobrenome, tão comum, poderia ter vindo da vida de uma mulher real. Chorei muito quando descobri você. A responsabilidade de carregar em mim a evocação direta de outra existência me deixou curiosa pelo que jamais serei capaz de responder. O que mais de você há em nós, em mim? Serão seus os meus olhos, minhas bochechas? A linha de minha boca, o formato de minhas mãos? Será que herdei de ti a teimosia, a paixão pela palavra? Pego-me navegando entre esses pensamentos.

Sobre o seu tempo, eu muito penso. Como devia ser a vida nas Geraes, o ciclo do ouro, a obrigatoriedade de servidão. O apagamento que não permitia o registro devido de vidas negras, arrastando nosso povo ao esquecimento. Como saber mais de ti, de onde veio, do que gostava? Era mais de água ou terra firme? Lavava, passava, cozinhava, arava, faiscava? Vendia doce no tabuleiro?

Sem perceber a ironia contida, eu, arqueóloga, me vi escavando além da terra, camadas do meu passado, pra olhar com mais nitidez a minha própria estratigrafia. Em qual terra você teria nascido? Paula era o nome que seus pais te deram? Qual língua, ou línguas, você falava?

A ferida que a escravidão fez em você continua aberta nas que te sucederam, até a mim, até hoje. Pergunto-me se minhas costas doem pelo peso da pressão do mundo atual ou de todos os outros de antes. Seguimos tentando sobreviver à colonização e ao racismo, ligadas por uma corrente de subempregos quebrada por minha mãe, ao ser a primeira da linhagem a completar o ensino médio e obter formação no ensino superior, dando-me a possibilidade de almejar outros voos até onde me encontro, no doutorado. Vislumbro outras esperanças, mas reconheço a lonjura das andanças.

Vim parar em outras terras, tatara-bisa. Estar fora me faz olhar pra dentro. Em outro espaço, cercada por todos os lados de gente que não fala igual a mim, sinto a potência da palavra, aquilo que traduz a mensagem. Linguagem. Sinto todas as palavras que queria te dizer, mas não sei como fazer pra que estas cheguem aos seus ouvidos. Ao mesmo tempo, faço silêncio, na esperança de que as suas venham até mim. Tentando saber se está em ti a nascente desse meu desejo latente de liberdade. É tanta coisa por perguntar que nem sei por onde começar, ou terminar. Talvez, por uma carta.

Seguirei em frente com a cabeça voltada para trás, como diz aquele adinkra. Não me darei por vencida nessa busca por saber mais sobre a sua vida. Quem sabe um dia lhe escreva de novo, dando alegres notícias de nossos próximos encontros, em outras encruzilhadas.

Até lá, carrego um patuá pra lembrar, respiro fundo, agradeço e respeito o que nos guia. No mais, digo que sou sua e somos juntas, desde antes, agora e para frente, não só no nome, mas principalmente na mente, enquanto nosso rio ainda existir.

Com todo amor do mundo,

Lara de Paula

Belo Horizonte / MG

Querida Chenzira,

Nunca nos conhecemos, mas sei que você zela por mim. Escrevo esta carta em busca de um fôlego. Em movimento de sankofa vou até você. Te agradeço. Muito obrigada por resistir à travessia transatlântica e sobreviver. Obrigada por permanecer, permitindo a continuidade da nossa linhagem. Eu sou Aza Njeri, sua descendente. Sou filha de Glória Márcia, neta de Herculina Generosa, bisneta de Generosa da Silva, sua neta. Bisa Generosa dizia que somos da linhagem dos Generosos, de um clã bantu que se perdeu. Ela mostrava uma foto e dizia ser da sua chegada: "minha avó Chenzira chegou nesse navio, ela é a nossa semente plantada aqui", contava. Na foto, vários africanos, exaustos, conscientes do desterro, atônitos em frente à barca do desespero, o transporte do nosso holocausto. Bisa Generosa deixou essa foto na família para a gente nunca esquecer de que chegamos a essa terra apenas com o corpo, a palavra, nossos valores éticos, as nossas honras aos ancestrais e a fé na vida. Depois descobri que era uma reprodução de uma foto de Marc Ferrez. Não poderia ser a senhora, Chenzira, nem sua mãe, vó Adero. Mas quero manter essa lembrança de resistência plantada pela bisa, que está ao seu lado, olhando pra gente. Sua bênção, Bisa!

Aprendi há pouco o significado do seu nome. Chenzira. Um nome bantu. O nome é a capa do nosso Ser. É a vibração fônica-energética que plasma na teia do tempo a nossa existência. "Nós somos aquilo que nos chamam", isso eu aprendi com a tia Edna, irmã mais velha da mamãe. Com sua voz firme, me dizia pra não deixar botarem nomes em mim. Que nome era sagrado. Hoje ela está com vocês. Olhando por nós. Sua bênção, tia!

Agora eu sei teu nome! Chenzira, aquela "nascida enquanto os pais viajavam". Eu sei. Seus pais foram sequestrados, separados e vó Adero te pariu no meio do navio. Nasceu em alto-mar, no Atlântico, numa noite de Lua cheia. Veio ao mundo enquanto seus pais estavam em viagem. Cada um pruma rota. Viagem perpétua. Viagem sem retorno ou adeus. Viagem para a desgraça coletiva. Viagem. Por isso seu nome, Chenzira, "aquela que nasceu em viagem dos pais".

O meu nome é bantu também. Eu segui os conselhos da tia Edna e escolhi a capa do meu ser. Aza Njeri, "poderosa filha de um guerreiro", pois sou filha do guerreiro Amaro, morto aos 52 anos enquanto trabalhava, vítima da violência do Rio de Janeiro. Era taxista, conduzia as pessoas nas suas viagens. Viajou para o mundo ancestral de onde zela por nós. Bênção, pai! Soube que a senhora nasceu no meio do convés do bergantim português Feliz Destino em 1818. Vó Adero te trazia no ventre e tinha o banzo no coração. A cada contração perguntava a Nzambi o porquê deste desterro. Ela queria o marido Tugulani e a mãe Amili ao seu lado. A cada sinal da senhora raiar para esse mundo, vó Adero lembrava o dia em que foi enlaçada. Será que Tugulani fora capturado também? Tinha muito fogo. E, em meio à fumaça dos seus pensamentos, você nasceu. Rompendo Vida, gritou pro mundo. A continuidade. O nascimento no meio da morte. A humanidade na desumanização. A esperança. Nós.

Vó Adero já não pensava nas mazelas da vida. Sua mãe, cujo nome significa "ela é generosa e dá vida", sabia que ali, naquele momento, generosamente nos trouxe à vida. Chenzira, nascida de Adero, é a primeira semente da nossa linhagem na Diáspora. E escrevo esta carta para lhe agradecer a resistência e generosidade e pedir a sua bênção.

Sua bênção, vó Chenzira!
Com Carinho,

Aza Njeri

Rio de Janeiro / RJ

Porque a ti, Oyá, dediquei todos os dias de minha vida.

As pessoas bradam com frequência, minha mãe: "Eu sou da Oyá! Tenho sangue no olho! Não levo desaforo pra casa!"

É a justificativa usada para a falta de educação e a capacidade para o diálogo. A senhora, Oyá, me ensinou que ser guerreira não é sinônimo de ser agressiva. Ser guerreira é ser estratégica. É não esmorecer. É ter a capacidade de recomeçar. Pode-se vencer uma guerra calada, observando, deixando o inimigo se enforcar com a própria corda. Ser guerreira não é necessariamente ser violenta.

Os guerreiros que mais obtiveram vitórias não foram os que se deixaram dominar pela impulsividade, os que agiram no calor da ira, irracionalmente. Pelo contrário, os exitosos foram os que se valeram da paciência, do controle, da observação dos pontos fracos do inimigo. Os verdadeiros guerreiros poupam e direcionam sua energia preciosa para o que realmente interessa, vão obter melhores resultados.

Oyá, és puro mistério! Natureza complexa cuja compreensão requer tempo e sabedoria. Ouço sua voz tanto no sussurrar de uma brisa suave quanto em um urro de um vigoroso furacão que derruba tudo que encontra em seu caminho. A senhora é a magnificência da tempestade! A grandiosa potência de um raio! É, ao mesmo tempo, o encanto, a leveza da borboleta e a robustez de um búfalo. Às vezes, a senhora desaparece, sem deixar nenhum vestígio. Mandingueira! Seu recado nem sempre é compreensível. O vento, seu mensageiro, se ausenta. A natureza tem seu próprio tempo.

Tudo seu é muito, minha mãe! Abundante. Intenso! Seu toque é marcante. É ousado, elegante, arrojado, caprichado, dinâmico. Inesquecível! Suas ações têm tônus, são encorpadas. A senhora segue seus próprios princípios. Intrépida. Valente. Arrebatadora. Feiticeira. Sensual. Vigorosa. Quente. Dançante.

Uma das lições que aprendi é que a vitória almejada vem dos resultados das batalhas que travamos com nós mesmas. O enfrentamento de nossos medos, limitações e inseguranças. Acreditar e desenvolver nossas habilidades, competências, talentos e dons. União de corpo, mente e espírito. Aceitação e amor-próprio. Apreciar sermos nós mesmas. Não é à toa que és considerada a mulher mais poderosa de toda a África negra.

Oyá, és dona de uma energia intensa, corajosa, apaixonada, curiosa, inquieta, visceral. Contam as lendas que a senhora viajou, percorreu lugares, conheceu cidades, comerciava azeite de dendê. A senhora deu lição de que a persuasão, o uso inteligente das alianças e atributos prevalecem.

Com Ogum, a senhora aprendeu a manusear a espada. Com Oxaguian, a defesa com o escudo. Logun Edé lhe ensinou a pescar, e Oxóssi, a caçar e a tirar a pele do temido búfalo africano. A senhora já tinha aprimorado com Exu seus conhecimentos sobre magia e encantamentos, e sabia se transformar naquele animal e aparecer e desaparecer quando menos se espera. Destemida, ousada, mas também talentosa e capaz, com Obaluaê ganhou o poder de comandar os eguns, os ancestrais dos seres humanos. E de Xangô recebeu os poderes do raio e vivenciou o amor em toda a sua plenitude.

Tudo aquilo em que se coloca energia, cresce. Energia é força. Força física, moral, espiritual. Força que pode intensificar um potencial. O que acontecerá se canalizarmos essa energia e força que dispensamos com os outros para nós mesmas? Somos a única pessoa que podemos mudar. Que teu vento, Oyá, seja sempre guia da minha esperança.

Com amor e admiração,

Dani de Oyá

Recife / PE

Ago, Mãe Beata.

Mãe Beata, hoje sinto um mar derramar de meus olhos quando penso que a senhora foi para o Orun. É inevitável, Yá. Sei que nasceu na encruzilhada, a caminho das águas, e que durante sua estada aqui no Aiye, soube trilhar este caminho com maestria, tanto que conduziu a todos nós por esses caminhos, deixando para todos nós uma grande responsabilidade. Como levar seu legado adiante? Como não fraquejar? Como ouvir seus conselhos? Sei que soube passar seu cajado, seu adjá. O Ilê Omi Oju Aro é o quilombo de resistência urbana que nos deixou de presente. Yá, lembro-me do primeiro dia em que a vi, foi na Casa de Cultura Silvio Monteiro em Nova Iguaçu, no ano de 2007. Como não lembrar? Foram suas frases que me conduziram aos caminhos que trilho hoje. A senhora disse assim: "Sou nordestina, semianalfabeta e tenho três livros publicados." Pensei: "Tenho que conhecer esta mulher, que maravilha!" Depois a senhora disse: "Quem não conhece sua raiz, não chega ao topo" – e essa frase me desconstruiu, me despiu. Aí, escrevi o texto "Gênero e ancestralidade", que me levou a ser escritora. Sempre que começo a escrever após sua partida, lembro desse nosso primeiro encontro. Yá, se eu pudesse estar agora diante de ti, diria, Mãe Beata, quanto amor me doou a cada encontro. Eu bebi nesta fonte inesgotável de saber, generosidade, afeto, amor. Lembro-me de quando precisei pegar sua assinatura para publicar seu depoimento em uma revista, e a senhora havia chegado do hospital, e preencheu toda a autorização e ainda disse: "Era só isso, minha filha, que você queria?" Yá, são essas lembranças que estão em minha memória desde que seguiu para o Orun. Não cabe aqui a imensidão que a senhora foi e continuará sendo para mim. Yá, esta homenagem póstuma que está recebendo é só o início de tudo o que ainda podemos e vamos fazer para mantermos viva sua memória e seus ensinamentos. Yá, nossos encontros sempre me traziam muitos ensinamentos. Se pudesse, escreveria um livro sobre nossos encontros. Aliás, eu posso e vou fazer, bem devagar, para não esquecer de nada, porque a vontade que tenho agora é de gritar para o mundo como foi que me recebeu nos momentos mais importantes de minha vida. Vou relatar o primeiro dia de aula no curso de doutorado na UERJ. Sob suas bênçãos, iniciamos, vai ficar na história! Era um grande sonho meu e lá estavam Iemanjá, Ogum, Logun Edé, Xangô, Iroko, na representatividade de seus respectivos filhos, Mãe Beata de Iemanjá, Pai Adailton Moreira, Stela Caputo, Lucio Sanfilippo, Marcos Serra, Elaine Marcelina, Cristiano e Pedro. Tudo tem um porquê, Yá, hoje sei disso, e o beijo na testa que me deu naquele dia, carregarei para sempre comigo. Nossos laços vêm de longe. Assim como nossos passos, sei que nosso cordão umbilical ancestral seguirá até a eternidade. Yá, vou me despedir por hora com duas falas suas que marcam demais meu livro *Mulheres incríveis*, e todas as pessoas que o leem, principalmente as mulheres:

"[...] Então, eu não posso ter medo e digo: se eu morrer por ser intrépida, por ser ousada, eu só quero que digam assim... A última coisa, quando botarem o último torrão de terra, digam: 'estamos botando o último torrão de terra na Luther King mulher'" (Mãe Beata de Iemanjá, p.44).

"[...] Para mim, não existe nem o ontem nem o hoje. Para mim, existe o eterno e eu sou eternidade [...]" (Mãe Beata de Iemanjá, p.50).

Elaine Marcelina

Rio de Janeiro / RJ

Bisa Josefa,

Hoje é dia 24 de junho, bisa. Dia de São João e Lua cheia, para afirmar que os instantes desaguam em memórias estreladas e fogo no peito. A saudade é um dos sentimentos mais ambíguos do mundo, porque nela se firmam ausências e se afirmam presenças, como uma dança de difícil passo com seus hiatos em tempos e sons, mas que o corpo se nega a ignorar para não deixar de comer o mundo em seu azedo e doce, como uma boa goiabada com queijo.

E dos ambíguos sabemos, né? Somos filhas de úteros-mãe que se abriram pra vida sabendo dela como uma peleja e um parto. Da peleja quase não falarei, pois ela está inscrita no sal dos olhos de minha mãe, nas histórias partidas e partilhadas de uma sobre(vivente) que tece colcha de retalhos pra alinhavar a vida. Falo e vivo o parto. Com e pela senhora. Suas mãos, que construo por meus olhos, são veiudas, franzinas, com unhas largas e aparadas, que sabem o peso de um punhado e da cabeça de um menino. Penso na senhora como parteira. Não só por aliviar e entender a dor materna, mas por gestar comigo esse mundo pelo seu corpo-cabocla. Esse parto, ainda duro e difícil, é amanhado por sua retina sertaneja, que desabrocha e alimenta milharais e algodoais no asfalto duro do subúrbio de um Rio.

Bisa, onde fica Serrote? Pra mim, Serrote é sua casa, e, às vezes, a minha. É seu sertão físico, e o meu temporal. É quando as mãos de minha sobrinha artista se enchem de barro. Às vezes, é o replantio de mamãe. São os pés de Mariana, minha irmã, e, antes disso, sua bisneta. Estou certa de que Mariana tem seus pés. E me sujo de terra ao olhar pra eles. Nos sujamos todas juntas, porque o tempo, diferente da saudade, é compromissado com todos os presentes. E foi a senhora quem me deu isso. Obrigada.

Penso que hoje você estaria em romaria. Como não esperar o São João Menino? Consigo ouvir seu tom agudo e afinado em procissão, com saia reta e branca, acinturada e engomada até os joelhos, abrigando a blusa também branca, com decote em guardanapo de renda. É um todo branco em contraste com o prata do céu e dos cabelos, trazendo a Santa Izabel de gesso maltratada, com faces e trajes pesados, sem esquecer os sapatos. Bisa, a sua santa tem sapatos? Das poucas lembranças que carrego da menina cristã que fui é a de ver santos em altares com sapatos. Eu ainda a carrego, com a fé que consegue ter e sustentar. Uma fé que se abriu às folhas, à terra, ao fundo e ao meio de outros olhos, aos seus pés, que também são os de Mariana. Então minhas santas, minhas mundanas santas, são descalças. Pisam e saravam o chão. Não abro mão delas. Minhas santas resmungam e sussurram preces. Bebem e gargalham alto, com todo o som de suas bocas e dentes. Não soube não lhe ter.

Queria lhe dizer tanto. Dentre esse tanto, lhe direi mais duas coisas. Primeiro é de como adoro a imagem da Igreja da Penha. Sempre foi um lugar onde nos vi sentadas. A casa e a fé se assentam em pedras seguras, né? Acho que ali se imacularia o nosso silêncio de certezas e escolhas. A segunda é que sonhei contigo uma vez somente. E em meu sonho, você era como minha bisa paterna, Dulce. Relatei isso à mamãe, e ela me disse que vocês eram parecidas, ou quase iguais.

Somos filhas do ambíguos e dos umbigos do mundo, bisa. Nascidas a céu aberto, arrancando ervas-daninhas, fazendo das cicatrizes do parto um laço do presente no tempo, como um São João menino-homem, que nasce em qualquer Lua para reacender nossas fogueiras.

Com amor sabido que busco em tua língua,

Fabiana Pereira

Rio de Janeiro / RJ

Para Maria Adélia Alves Anacleto.
Bênção, bisa!

Senti saudade de comer aquele doce hoje, e de me levantar bem cedo pra fazer render o dia. Lembrei do cheiro do café que eu não bebo, mas que passava pra você, só pra ver o tempo passar contigo. Revirei-me de um lado para o outro na cama, até ficar de ponta-cabeça e te ouvir passeando pela casa, com a sua bengala, com a sua tossinha, até ouvir a minha voz interrompendo o silêncio, só pra te lembrar do teu xarope.

Hoje eu precisei andar um pouco, nada de novo. Peguei aquele trajeto de sempre e parei em frente à tua casa por um instante, antes de decidir entrar no quintal. Olhei, de canto, para a tua goiabeira; o tempo se encarregou de nos deixar apenas o tronco, procurei pela sombra que aquela velha mangueira fazia, e que, por ora, florescia e regava o chão com suas folhas, como se regesse a atmosfera que costumava nos cercar, embalada pelo aroma que exalava do limoeiro e das inúmeras florzinhas que cresciam por lá. Ao mesmo tempo, notei que o cuidado gerado àquela bananeira garantiu a sua última parte eternizada no solo do nosso terreno. Era possível ouvir o som da sua risada conduzindo as nossas tardes. Teu jardim floresceu lembranças, vó.

Foi difícil fazer o mesmo caminho de volta e ignorar o fato de eu nunca ter medido o tamanho da falta que você me faria, tendo se deixado tão sutilmente por toda parte, desde a sua questão de reunir nossa família ao redor da mesa até por se encarregar de repassar os cuidados dos seus cabelos crespos a mim.

Chegando em casa, olhei as fotos daquele álbum de família e me lembrei que, naquela última tarde em que nos vimos, nós quebramos o nosso costume de dizer uma à outra se tínhamos chegado bem, e que apesar de eu morar bem ao lado da sua casa, a cada noite a senhora se encarregava de me entregar o seu cuidado, assim que eu atravessava o meu portão, seguido do costumeiro "boa noite!". Dói pensar que naquela tarde a senhora achou que só iria tirar mais um dos seus cochilos, e que na manhã seguinte eu me atreveria novamente a trançar os cabelos enquanto você contava aquelas histórias que eu já sabia de cor, mas fingia que não.

Sem dizer tanto, a senhora me entregou o seu afeto, que por muito tempo foi desviado de nossos ancestrais. Sinal de que a senhora aprendeu a minar em solos secos também. E que ainda encontrou uma forma de atravessar a minha história, me mostrando que nunca é demais resguardar os nossos, se não podemos medir quanto tempo nos resta para isso, nem por quantas gerações nossa existência irá se assentar. A senhora transbordou amorosidade na sua trajetória.

Entendo agora o que dizia a tua quietude cheia de ensinamentos. Houve dias em que o teu afeto silenciaria os gritos mais altos da minha duvidosa insignificância, e reforçariam a minha missão de aprendiz, de te espalhar como grãos, sem economizar acalento.

Sabe, vó, hoje eu decidi deixar que a minha escrita falasse um pouco para o mundo o que só a gente entendia dentro do nosso, mas saiba que o meu orbita o seu por todos esses anos, e que faz um tempo que eu entendi a sua intenção de fazer tudo ao seu redor florescer. Diariamente, rego as minhas palavras com fé, e espero verdadeiramente que um dia elas também floresçam.

Eu sei que a senhora nunca foi muito fã de surpresas, mas eu precisava encontrar um jeito de acabar de vez com esse silêncio que ficou entre a gente, só pra dizer que eu cheguei bem.

Boa noite!

Joice Barbosa da Silva

Mesquita / Rio de Janeiro

Como vai, Rosa Maria? Tu não me conheces e não conhecerás, pois já partiste faz muito tempo. Conheci-te em uma pesquisa, em documentos históricos, e desde lá, mudaste minha vida. Tua referência de luta foi muito importante para que eu fosse além da minha então construção de negritude. Ampliou meus horizontes, dando novos entendimentos da importância da luta e da valorização de sermos mulheres negras em qualquer tempo histórico. Tu, Rosa Maria, cujo nome de nascença certamente não era este, foste uma figura que entrou para a história, pois construiu uma vida sendo mulher negra de luta em um tempo de muitas dificuldades, o então século XVIII. Sou historiadora e me dediquei a pesquisar a história dos negros e negras que foram escravizados no Brasil, especialmente no Rio Grande do Sul. E foi fazendo essas pesquisas que te conheci. Vale lembrar tuas ações, tuas lutas, tuas conquistas e motivos que fizeram de ti uma referência para a minha formação.

Rosa, tu nasceste na África, Costa da Guiné, e foi daí que foste arrancada de tua família e trazida ainda criança para o Brasil. Eu te conheci lendo teu testamento e não imaginava encontrar um documento tão precioso. Neste papel envelhecido e carcomido por insetos, pude interpretar naquelas letras arcaicas os dizeres que descreveste ao seu testamenteiro. E foram estas palavras que me emocionaram e fizeram com que eu passasse e contar tua história por onde fosse. Tu dizias ali de onde veio, quando chegou ao Rio Grande e como foi parar em Rio Pardo, tua nova terra, que adotaste como raiz de tua história. Em Rio Pardo, tu foste trabalhar em uma fazenda ainda menina. Escravizada e tendo que lidar com as agruras desse processo, não se deu por vencida e traçou um caminho onde a luta foi tua determinação. Tu te casaste com Joaquim – também escravizado – e tiveste dois filhos – Maria e João. Construíste uma família mesmo dentro de um sistema que não garantia a permanência dos grupos familiares. Mas tu lutaste para que tua família ficasse bem. Juntou dinheiro, fez uma poupança para garantir tua alforria e a de tua filha. Tornou-te livre comprando tua carta de alforria e passou a ser uma mulher negra livre e que trabalhava muito na cidade. Chamou-me muito a atenção quando tu disseste em teu testamento que ao seu marido não cabia nada, pois já não estavam mais juntos.

Tu dizias que ele em nada a ajudou na construção de seus bens, tu tiveste que fazer tudo sozinha. E como mãe solo, demonstrava tua força. Fiquei impressionada com o fato de que uma mulher negra, em 1790, tenha dito não dever nada ao homem com quem era casada... Coragem. Tu, Rosa, negociaste com figuras importantes da época, compraste tua casa de telhas, tiveste um carro de bois, costuravas, vendias doces e fizeste parte da Irmandade do Rosário dos Pretos de forma ativa. Todo esse trabalho permitiu que deixasses uma herança para tua filha.

Diante dessa vida de muitas lutas, como não ser influenciada por ti, mulher, que não ficou quieta e fez? Se tu, Rosa Maria, que enfrentaste um navio negreiro, foste separada de tua família em outro continente, vendida como escrava, carregada pelo Brasil afora, construiu uma família, lutou por teus filhos, trabalhou muito enquanto escravizada e, como livre, fez parte de uma ordem religiosa importantíssima para os negros... Se tu fizeste tudo isso, Rosa, como desanimar em uma luta? Como não se inspirar e seguir firme na busca por melhorar e me tornar mais consciente de minha negritude e de minha condição de mulher? Te agradeço, Rosa Maria.

Marisa Laureano
Alvorada / RS

Minha querida tia Liquinha,

Quando eu ouvi o anúncio do Cartas para a Esperança, da Flup, seria natural eu pensar em escrever algo para a minha mãe, que ficou grávida aos dezesseis anos, foi expulsa de casa e viveu como mãe solo de duas meninas, passando por muitas dificuldades. Mas, no percurso da vida dela, teve a senhora. A irmã da minha avó, que teve que ser mãe com dez anos, quando perdeu sua mãe e teve que criar seus cinco irmãos caçulas. Hoje, uma mulher negra de 97 anos, que ouviu muitas histórias de seu pai, que foi escravo e terminou sua vida doente, consequência de um corpo sofrido e maltratado. Teve a senhora, que trabalhou a vida toda como empregada doméstica e passou a maioria das datas especiais limpando, cozinhando, passando, lavando e cuidando dos filhos da patroa, enquanto não sobrava tempo para cuidar dos seus. Teve a senhora, que, com muito sacrifício, comprou um terreno, construiu uma casa para morar com seu pai doente, e outra para sua irmã, para abrigar a família que ela constituía enquanto você trabalhava e cuidava da família dos outros. Não sobrou tempo para sair, se divertir, dançar, conhecer rapazes e construir a sua família, mas sobrou muito amor. Esse amor que foi tão compartilhado por meio dos cuidados com os filhos, netos e bisnetos de sua irmã, que foram seus também. Sempre tivemos duas avós e esse foi o maior privilégio da nossa vida. Sua sabedoria ancestral, seus benzimentos, seus chás, suas promessas e seus remédios caseiros nos protegiam no seu mundo de fé, afeto e respeito. Nunca importou qual religião cada um dos filhos, netos e bisnetos seguiam, a senhora sempre foi a nossa religião. Nosso poço de sabedoria e nosso altar. Ouvíamos atentas suas histórias, crendices e superstições. Quando tínhamos filhos, a senhora rezava a cartilha de orientações: não deixem ninguém visitar a criança no sétimo dia; não deixem nenhuma gota de leite pingar no chão; não pode deixar a criança olhar no espelho antes de batizar; não se monta o berço antes de a criança nascer... Foram tantos que dava para escrever um livro. A senhora sempre foi nossa inspiração. Que privilégio ter a senhora ao nosso lado em todos os momentos. No ano passado, aconteceu uma coisa que eu nunca havia presenciado: a senhora chorou! Quando perdemos minha avó, em decorrência da Covid-19, e a senhora chorou. Chorou sozinha sentada na sua cama, no isolamento que a pandemia nos condenou. Pela janela, eu a vi com os olhos marejados. Olhou para mim entristecida e disse: "Eu prometi que nunca iria deixar minha irmã desamparada. Eu nunca deixei. Ela foi embora, nem me despedi, mas acho que fui uma irmã boa. Criei, dei casa, ajudei a criar seus filhos, netos, bisnetos. Mas tô triste. Já perdi tantas pessoas na vida, mas sempre pude me despedir dos meus." A senhora chorou, eu chorei e fui embora pensando o quão difícil foi ser forte por 97 anos. Que crueldade, quando a senhora precisou ser cuidada, abraçada, viveu seu luto sozinha, sem cuidados, chás, reza. Minha tia querida, eu te amo tanto. Rezo, como você ensinou, para que esse momento difícil que vivemos passe logo e possamos te abraçar. Rezo para que, nos próximos anos, tenhamos dias de acolhimento e que essa família que a senhora começou a construir, aos dez anos de idade, possa cuidar de ti, como sempre cuidou de nós. Obrigada, guerreira. Você é nossa rainha negra. A que exerce todos os poderes. A mais amada!

Renata Boniol

Diadema / SP

DORO-
RIDADE

Amada menina que eu fui,

Por anos, pequena, eu evitei pensar em você. Por quase todos os anos dessa minha fase adulta, preferi não convocar as suas memórias porque julgava menos dolorido enclausurá-las. Mas foram os seus pés que me carregaram por tanto tempo; foi você quem chorou minhas lágrimas mais tristes e riu meu riso alegre: que versão digna de você eu seria se não te honrasse neste ponto da vida? Por anos, pequena, eu te mantive suficientemente distante da boca, dos olhos e dos pensamentos. Por quase todos os anos desta minha fase adulta, mal falei das suas experiências, mantive suas fotos escondidas, optei por te abandonar desvanecida, silenciosa, obliterada... Em todas as vezes em que me furtei a reviver tudo que te magoava, involuntariamente fui outro agente do seu sofrimento, só mais uma pessoa maldosa incapaz de perceber sua importância: ignorei sua inteligência e vivacidade, não revisitei seus olhos bonitos, fui apagando o melhor que havia em ti. Quase reduzi você à dor que te fizeram sentir. Diante disso, pequena, hoje eu te celebro. Agora, omodé que eu fui, eu quero iluminar todos os cantos belos e amorosos que te construíram. Quero fazer coro àqueles que, diferentemente de mim, não precisaram de anos para declarar a afeição por você e bendizer sua existência. Nestas linhas, eu, àgbà que você se tornará, preciso te garantir: quem te aprecia tem razão! Teu gosto pelos estudos, mesmo que como esconderijo da tristeza, te levará a lugares inimagináveis. Você é linda e nada no seu corpo pode te causar vergonha. Se a noite deixou um vestígio dela na sua pele é porque quis te presentear e assinalar a sua ascendência de valentia. O amor vai te encontrar: vários tipos, formatos, gostos e tamanhos de amor. Meninos e meninas vão querer pegar a sua mão, te levar para dançar e tomar sorvete. Um moço cor de azeviche em especial vai te trazer uma porção de felicidade que você nem sabe ainda que existe. Você será a mulher que sonha e não porque vai emagrecer, desencrespar o cabelo ou se tornar popular na escola: você será a mulher que sonha porque vai continuar sendo exatamente como é. O problema, pequena, não é e jamais será você. Hoje eu te rememoro, falo sobre você e desengaveto suas fotos porque sinto que não é justo enaltecer tantas outras mulheres resistentes que me inspiram e seguir te camuflando, a única que, sem a qual, eu não seria nada. As suas cicatrizes existem em mim, mas foi em você que todas foram carne viva. E, se em mim elas são apenas cicatrizes, é porque você, só você, tratou delas quando feridas abertas. Hoje eu te rememoro com lacunas, falo sobre você de forma reticente, desengaveto suas fotos já gastas pelo tempo porque, mesmo com atraso de anos, preciso valorizar a semente da flor que me tornei. Te agradeço, semente, por ter suportado a terra, não ter temido a água, ter enfrentado as pragas. Te agradeço por jamais ter desistido de você, de nós duas.

Você, pequena, é minha prova de esperança: confiou no futuro, aguardou o passar dos anos, resistiu machucada até que eu, a couraça, emergisse de você e te blindasse do mundo. E eu vou seguir sendo seu escudo, mesmo quando o faço do jeito errado. Continuarei buscando ser a realização dos seus anseios, pretinha, porque você é, sem sombra de dúvidas, a minha versão que mais agrada a Oxum.

Com todo o amor que você merece.
A mulher que você se tornará,

Oluwa Seyi

São Paulo / SP

Para Katlhen e todas as mães negras que estão tentando sobreviver.

Eu estava na minha casa, cuidando do meu filho, quando da minha janela ouvi o som alto das sirenes e vi a intensidade do trânsito aumentar. Tinha sido um dia difícil: o bebê acordara com cólicas e eu, que planejara meia dúzia de tarefas para esse dia, tive que adiar todas elas para me dedicar exclusivamente aos cuidados com o pequeno. Em meio ao cansaço e à preocupação, de vez em quando eu sorria ao contemplar o rosto do meu filho, o riso de criança e os olhos de inocência com os quais eu sonhei enquanto estava grávida.

E, naquela mesma tarde, eu te conheci, infelizmente depois de sua morte. Bastou um tiro covarde para subtrair a sua vida.

Poderia ter sido eu ali, sendo vítima do disparo.

Poderia ter sido você aqui, cuidando do seu bebê.

Possivelmente, você teve sonhos parecidos com os meus.

Você tem nome, sobrenome, história, talento, sonhos, família e tinha uma vida inteira pela frente. Carregava um fruto no seu ventre, mas bastou um tiro para interromper a tua trajetória.

Nunca te vi, mas sempre te amei, por tudo que eu, você, Carolina, Marielle e Esperança temos em comum. A dororidade de mães negras que sonharam com a vida plena e justa para si e suas crias. Temos as nossas singularidades, mas somos unidas por um fio que liga as nossas histórias em uma dor comum. Entre medos, revoltas, lutas, indignações, invisibilidades e mortes, seguimos tentando sobreviver não só como corpo, mas como sementes.

Katlhen, você é uma semente. Quem dera fosse possível ver-te renascer como uma fênix. Eu mesma sopraria a vida para o teu voo, mas não posso. Só posso te dar as minhas palavras e fazê-la ser lembrada e honrada, você, que, aos 24 anos, teve a sua vida furtada, levando consigo outra semente de quatorze semanas. Hoje uma parte de mim morreu também, junto com o seu corpo. E hoje algo em mim renasceu também, junto com a dor e a revolta, uma Esperança.

Eu sou uma mãe negra que continua tentando sobreviver, tão digna de vida quanto você, mas você partiu. Eu deixo combinado que continuarei trabalhando pela nossa eternidade através das nossas histórias.

Katlhen, esta carta não resolve os nossos problemas, mas é uma declaração de amor para você, um protesto contra os assassinos dos nossos sonhos e um abraço para todas que estão lutando para sobreviver. Como eu e como você.

Podem alvejar o nosso corpo, mas não vão tirar a nossa Esperança.

Nós, mulheres negras do campo de batalha, temos sobrevivido ao longo de muitos anos por meio da palavra, da memória e da arte. Temos sobrevivido a muitos disparos, sequestros, estupros, massacres... E continuaremos. Nós não vamos morrer. Através das nossas histórias, viveremos para sempre, para dar às futuras gerações a vontade e a oportunidade de ter uma vida melhor que a nossa.

Continuaremos vivas, carregando, em cada passo dado, a história de outras que se foram.

Você está viva, e eu vou contar para todo mundo.

Siga em paz com a sua cria.
Com amor,

Magna Domingues
Rio de Janeiro / RJ

Minha querida,

Estou há horas tentando elaborar frases para te contar o que tenho sentido, mas não consigo. Eu quero e preciso te contar, te encontrar, mas estou com tanta coisa aqui dentro, que não consigo. Sinto sua falta, mas não consigo.

Não consigo juntar tantos cacos e tudo que tem acontecido e ir. Mesmo querendo jogar tudo pro ar, e ir. Nossos encontros foram marcados por sede. A sede de nos ter. Essa sede continua aqui, minha querida. É bonito te imaginar, lembrar do seu cheiro, seu rosto, seu corpo e tudo o que há em você. É bonito lembrar do seu sorriso, cabelos, sobrancelhas, o jeito que seus olhos se elevam, a maneira como você abaixa a cabeça e vai levantando de mansinho. É bonito quando você decide ser um pouco mais barulhenta, quase escandalosa, quase, mas não tanto e sua risada aumenta numa intensidade que poderia dar eco, mas ainda assim soa suave, gostosa e lenta. De um jeito bonito, ela fica na nossa memória. Você, querida, faz seu cheiro aparecer sem você estar aqui, sua marca mostra que você chega pra ficar, mesmo quando se vai. Amada que é, amada que é, amada.

Eu continuo querendo ir, mas eu também preciso cuidar de você, cuidar de mim, de tanta coisa que nos atravessa. Amada que é. Aparece pra mim sem estar aqui. Amada.

Você faz eu querer ter você, e me faz querer ter a mim.

Te ver é contemplar toda beleza que existe neste mundo. Dá-me esperança, a esperança de amar. Você é o Sol, a luz, é você quem me ilumina, tanto de noite quanto de dia.

Não, você não é só Sol, é também Lua. À noite você me visita, pergunto se não vai embora, por quanto tempo ficará comigo, você só sorri e, mesmo sem Sol ou sem Lua, ainda ilumina.

Você me mostrou a esperança de viver e de poder amar uma mulher. Você, preta, com esse sorriso, detém todo poder de me iluminar. E seus cachos cheios de beleza, ternura, cheiros e sentidos têm o poder de me paralisar.

Só de vê-los, é como se já os sentisse em meus dedos. Só de vê-los, minha mão já se mexe. Num movimento de encontro sedento para se embrenhar em seus cachos.

Outro dia, só de pensar em você, meus dedos sentiram seus cachos enrolando, enrolando, enrolando. Meu olfato agradeceu ao meu pensamento de ter ido até você e logo sentiu seu cheiro. Não demorou muito para que meu corpo também arrepiasse e minha pele implorasse por seu toque, suas mãos. Meus ouvidos aguardavam seu sussurro, sua voz, sua risada e seus gemidos.

Me vi ali.

Não quieta.

E nem parada.

Me vi saudosa e experimentando minha vontade de você, com você, sem você.

Eu estava com você em pensamentos. Cheguei a me perguntar se em algum momento deixei de estar.

Engraçado, que não é de hoje, você sempre esteve em meus pensamentos, mas depois de um certo tempo, quando nos aproximamos mais, você passou a estar de um jeito diferente, passou a ligar todo meu corpo quando estava na minha mente. Antes de tocá-la, eu a desejava, desejava, desejava.

Agora, depois de experimentar seu toque e cada parte do seu corpo, o meu já sente o seu aqui perto, você tá comigo, eu sei, algo diz que também estou com você.

Você me fez encontrá-la. Logo a gente já tinha se encontrado. Nosso encontro precisava se entrelaçar, se aproximar, se consagrar. Nosso encontro, que sempre aconteceu, veio acontecer mais e mais.

Meu corpo deseja você, preta, que sempre foi a mais linda; dá-me a certeza de que todos os dias vai continuar a ser a mais bela.

Com carinho,

Tatiana Santos dos Reis

Rio de Janeiro / RJ

Poderia escrever uma carta para Esperanças, Carolinas, Dandaras, Marielles, Laudelinas, Lélias, Suelis e tantas mais que não caberiam nesses caracteres. É uma única carta. Tenho que falar de uma única preta. Mas como referenciar apenas uma se eu sou um constante construto de todas elas? Tarefa difícil, essa. Vou tentar fazer um movimento diferente e me colocar como minha própria referência. Eu sou o meu próprio ponto de partida. Será que posso dizer assim? Espero que isso dê certo, pelo amor das Yabás! Eu, que carrego um emaranhado de inseguranças de longas datas, estou aqui me reconhecendo enquanto a potência que sou. Se isso é um movimento fácil? Não mesmo, nunca foi. Mas tô melhorando. E me autorreferencio pelo fato de hoje conseguir me acolher, me permitir conhecer e me reconhecer em muitas pretas que chegaram até mim das mais variadas formas. No meio do caminho tinha uma pandemia, tinha uma pandemia no meio do caminho. Entre muitos tombos pandêmicos, esbarrei na Flup e fiquei encantada com os escritos da edição de 2020 na obra *Carolinas*. Achei de uma força, uma verdade. Em meio ao caos, mulheres que produzem e reproduzem escrevivências. Mulheres como eu, escritas periféricas, do cotidiano precário, mas sobretudo potentes. Um monte de mulher foda conjugando o verbo escreviver. Óbvio que há de existir uma preta que cunhou uma das mais lindas palavras do léxico português contemporâneo. Não tem como pensar nesse processo de escrita sem receber inspiração da "mousa" Conceição Evaristo. Uma verdadeira entidade que, de tão concreta, me arrebata de uma forma quase mística. A crueza da vida me deixa sem chão, acho que é isso. A noite segue por aqui. É na madrugada que o silêncio vira poesia. Apesar de silenciadas ao longo da vida, ressignificamos o silêncio. Alquimia de preta é transmutar dor em potência. Avaliando minha trajetória até este escrito, me dei conta dessa transmutação dor-potência e que não é um processo linear. Tornar-se negro é uma constante inconstância. Alguns desistem no meio do caminho. Neusa Santos escolheu partir ou teve sua existência repartida em múltiplos pedaços ao longo de sua (re)existência? A potência nem sempre é uma poesia bonita. É trágica. Se a Rafaela de hoje pudesse voltar ao tempo e deixar uma carta para a Rafa dos quinze, muitas mutilações corpo/alma teriam sido evitadas. Eu comecei a olhar de forma menos violenta pra mim mesma muito tardiamente, já na faculdade e, a partir daí, o processo de transmutação dor-potência está acontecendo. Fui estudando, conhecendo intelectuais, artistas, aprendendo inclusive com mulheres bem mais novas do que eu e que já estavam num nível de engajamento elevadíssimo. Cheguei no feminismo negro e na grandiosa obra *Mulheres, raça e classe* e tudo começou a fazer muito sentido. A interseccionalidade era a peça que faltava para o meu engajamento na militância. Práxis! Agora "o lixo vai falar, e numa boa". Aquele abraço, Lélia! Desde então, muita gente se sente incomodada, sou a preta raivosa. Que seja! Hoje sigo "descolonizando o eu". Tornando-me sujeito. Sou muito grata à preta Grada Kilomba, que me permitiu elaborar melhor esse entendimento. A docência também é parte da transmutação dor-potência. Percebo que acabo sendo referência para muitas pessoas. Principalmente na escola. E isso me dá um certo fôlego. Finalizo este escrito com um sentimento de dever cumprido. Não me sabotei, acreditei em mim e é justo isso que me permite aprender com tantas outras pretas. Dedico esta carta a mim mesma.

Rafaela Barroso Araujo

Maracanaú / CE

Conceição Evaristo,

Que as palavras consigam demonstrar toda a gratidão por hoje poder entender a potência do amor de minha mãe, Maria Rita, por mim... Antes de ler seus escritos, não conseguia entender o amor de uma mulher negra. Descobri que esse amor passa pela dor, medo, incertezas, mas passa também pelo cuidado, luta e alimento. Demorei a entender o quanto nós, mulheres negras, demonstramos nosso amor cuidando dos nossos. Foi assim com nossos ancestrais, e ainda é.

Sinto que você já conhece Maria Rita... Ela poderia perfeitamente ser uma das protagonistas dos seus contos. Mulher negra, moradora de favela, criou quatro filhas na Cidade de Deus, ambiente de dor, morte e fome. Seu trabalho como faxineira era a esperança de poder fazer a vida de suas filhas ser diferente, e foi! Para ela, o estudo era a chave para uma vida com mais esperança. Com seu trabalho, alimentou e cuidou de cada uma de nós.

Protegia suas crias de longe, pois, se o fizesse de perto, não traria o alimento para a casa. Precisava acreditar no quilombo que tinha vivenciado com os seus ancestrais e que, agora, vivenciava com suas filhas... Tinha muito medo de não acertar, pois, como toda mulher preta, temos que provar o tempo todo que somos fortes!

Em *Olhos d'água*, relembrei um passado de dor... Maria Rita, ao contrário da personagem deste conto, não chorava. Engolia a dor, pois chorar era demonstrar fraqueza e ela tinha que ser forte o tempo todo para que suas filhas não sentissem medo.

Descobri, em *Insubmissas lágrimas de mulheres*, a potência da força de Maria Rita e, de tão emocionada com essa descoberta, consegui dizer que a amava! Sim! Eu disse que a amava e o quanto admirava a mulher que me tornei, a partir do olhar dela. Uma emoção de descobrir, através das histórias, que a vida de Maria Rita era a de todas aquelas personagens e que só me tornei quem sou por ela ser essa mulher que nos cuidou e nos amou mais que o próprio amor. Um amor que nós, mulheres negras, achamos que não conseguimos expressar, pois temos que nos proteger e aos nossos! E ela soube como fazer. Foram tantos os cuidados que pensei que não fossem amor.

Protegeu suas crias, engoliu seus medos e dores para se mostrar forte e acreditamos! Nós nos tornamos mulheres fortes a partir dela...

Maria Rita desistiu dela para nos cuidar. Agora entendo que essa foi sua grande tarefa nesta vida... Durante muito tempo, pensei que meu pai fosse o Sol, mas ela mostrou, quando ele não estava mais aqui entre nós, que, pelas suas filhas, uma mãe negra se impõe.

Penso que só descobri sua força através das histórias de outras mulheres negras. Aprendi a reverenciar as histórias de nossos ancestrais através dos seus escritos e de Carolina Maria de Jesus, escritoras negras que descrevem seus personagens e ressurgem em cada uma de nós, que pensa ser mulher comum... Não há uma vida negra que seja comum, pois o amor, para nós, cura.

Desde cedo aprendemos que chorar é demonstrar fraqueza e que o alimento é essencial e tem o valor de um abraço. O amor de uma mãe preta está na proteção, no cuidado, e ela sempre soube que era esse o caminho!

Conceição, obrigada por nos emocionar com os seus escritos e nos mostrar que muitas vezes o amor é potencializado pela proteção. Nós, mulheres negras, amamos através do cuidado, do amparo, do alimento...

Amamos na perpetuação da nossa identidade e da nossa existência! Estar presente é amor. E isso Maria Rita soube fazer como ninguém...

Ana Lúcia Raia

Rio de Janeiro / RJ

Querida Bitita,

Como a saudade dói! Lateja! Estou sentada à beira do tempo com o olhar margeando as nuvens repletas de medo, indagações, esperanças e ilusões.

Escrevo estas simples linhas para tentar diminuir o vazio que insiste em habitar o meu coração e, muitas vezes, chega a transbordar, deixando rastros de indecisão em minha face. Quero contar sobre as coisas daqui e depois ter notícias do que acontece em Sacramento. Preciso falar do trauma de ontem, da insensatez do agora e do duvidoso por vir. Existem tantos nós presos em minha garganta e outros tantos se equilibrando em minhas cordas vocais. Nem sei se grito ou sussurro minhas insanas ideias entre as paredes do meu quarto, onde sozinha despejo os sonhos, as angústias, solidões e divagações.

Todos os dias tenho vivido muitas sensações contraditórias. Ora sinto-me em ruínas pela falta do ar para comunicar. Ora vivencio as muitas revoluções que acontecem em mim. Não imaginei ser contaminada num toque dos punhos fechados das mãos que aprisionavam o afeto, mas que não foi capaz de eliminar o risco da linha invisível entre vida e morte. Cato as sucatas do meu ser dilacerado por uma doença cruel, cujo poder de contaminação alcançou todo o mundo. Muitas pessoas ignoram a necessidade do isolamento social imposto pela pandemia. Algumas se expõem de forma inconsequente, outras precisam ir para as ruas para ter o que comer. A realidade, aliada às suas palavras de resistência, ecoa em mim. Ouso dizer que você vivencia, em sua comunidade, algo muito parecido ao caos provocado pela pandemia. Dentro da favela dificilmente há a escolha entre o vírus e o prato de comida. A privação do alimento mata. Em meus delírios, ouvi sua voz firme dizendo:

— A fome é o próprio sentido da vida! Não desanime! Lute! Resista! Assim fiz! Agarrei-me em cada palavra emanada para mim, como se fosse uma oração.

Pensar em você, entre o senso conturbado e a incerteza da sobrevivência enquanto estive num leito de hospital, deu-me energia, oxigenou as minhas células, me fez respirar sem ajuda de aparelhos.

Ainda estou muito confusa, como as cartas de um baralho prontas para serem abertas no jogo da vida. Tenho dúvidas que talvez nunca se dissipem. Não sei ao certo o que realmente vi e o que acho que vivi. Insisto, tenho medos que povoam as minhas artérias. No fundo, sofro as angústias diárias de uma vida fragilizada e fortalecida pelas histórias daqueles que fizeram alianças no silêncio dos quartos, nas tempestades de emoções que fizeram trajetos em minhas veias e cateteres.

Fui invadida pela desesperança ao ver meu corpo tomado pelas marcas da dor. Os hematomas causavam estranheza em quem passava por mim. Numa fração de segundos, uma cena preencheu minha memória. Era você dizendo:

— Muitos fugiam de mim, mudavam de calçada ao me avistar. As chagas em minhas pernas eram empecilhos para arrumar trabalho, assim, virei catadora, registrei tudo nos cadernos recolhidos nas ruas e tornei-me escritora. Encontrava tudo, menos a felicidade!

Bitita, as dores, os traumas, a esperança e a superação norteiam o meu caminhar cambaleante e repleto de confiança. Tudo caberia num diário, mas escolhi compartilhar nesta carta; ao chegar em suas mãos, espero que a encontre com saúde, buscando inspiração ao som de um tango ou uma valsa vienense e contando muitas histórias construídas dentro da sua casa de alvenaria.

Fique bem! Aguardarei, ansiosamente, suas notícias.
Beijos poéticos,

Sol de Paula

Niterói / RJ

Querida Luísa,

Há alguns anos tive contato com sua história. Seu sobrenome Mahin ecoou por dias em mim. Mahin... A primeira vez que ouvi falar de você foi por intermédio de seu filho, Luís Gama, abolicionista que, em julho de 1880, escreveu uma carta sobre você ao jornalista carioca Lúcio de Mendonça. Seu filho descreveu-a, entre outras coisas, como quitandeira, bonita, vingativa e laboriosa. Ele queria notícias suas. Soube de suas atuações políticas e de suas possíveis prisões. Ele queria saber de ti. Um filho preto à procura da mãe... Um filho preto à procura de si.

Soube que Luís Gama, seu filho, fora vendido, ainda menino, pelo próprio pai para o pagamento de dívidas. Mal consigo imaginar sua dor... Todavia, tentei. Tentei inúmeras vezes projetar essa dor da falta e percebi que, em alguma medida, essa já estava em mim. Na verdade, já estava em nós, mulheres pretas escravizadas, colonizadas por séculos. Engendraram em nosso peito a ferida aberta da saudade antes que nos déssemos conta do que, de fato, doía.

Fico pensando, Luísa, em como o patriarcado forjou, na maternidade, um símbolo feminino, uma corrente que aprisionou mulheres por tantos anos sem deixá-las perceber. Quanto a nós, porém, ao nos tornarem escravas, tentaram esvaziar nossa humanidade, não nos consideravam um ser. Negras escravizadas, éramos violentadas, vendidas, emprenhadas e a maternidade não nos era um direito a exercer. Levavam nossos filhos ainda pequenos, outros morriam, mergulhados em silêncio, dor velada sem poder.

Sabe, Luísa... Sei que hoje te escrevo de outro tempo, de outro espaço. Te escrevo do século XXI, de um subúrbio do Rio de Janeiro, e talvez possa te impressionar a possível ideia de futuro, de progresso. No entanto, ainda são tantos os pontos que atravessam nossos corpos negros e, como setas, rasgam nossa alma, tiram nosso sossego, violam nosso ser.

Há alguns dias, uma jovem negra de 24 anos, Kathlen Romeu, foi fuzilada aqui, grávida, em meio a uma "operação policial". A bala de fuzil atravessou seu medo, interrompeu seu corpo, impediu-a de gestar. Ah, Luísa, a mãe da Kathlen teve consciência da falta, que antes adormecida, agora explicitada, devastou-lhe a vida e a razão. São tantas mulheres pretas afetadas, morando em comunidades precarizadas, que se parecem com as senzalas do passado e com os frios porões.

Somos tantas e tão constantemente violentadas que a desesperança nos parece a única opção. Entretanto, lembrei-me de sua figura iluminada, apresentada como mito, como um traço de ficção. Há relatos de que, tendo sido escravizada, não aceitou ser cristianizada e, mesmo injuriada, lutou por transformação. Transportando, em seu tabuleiro, bilhetes como quitutes certeiros, ajudou na Revolta dos Malês. Revolta é palavra insidiosa que nos provoca e convoca a prosseguir, a renascer. Em sua luta, colho coragem e esperança para buscar a mudança, para podermos vencer.

Somos tantas Luísas encorajadas, mulheres negras revoltadas, travando lutas para vencer. Do passado, sua memória resvala, nos desperta, nos prepara para desobedecer. Precisamos de estratégias urgentes, como seus bilhetes potentes, coloquemos-nos a escrever. Gota a gota, cada palavra é reverberada, hão de criar levantes, correntes, hão de nos fazer crescer. Temos nosso corpo negro como couraça, a memória de nossas mães escravizadas, temos dores, mas também temos você...

Somos tantas Luísas, vingativas e desaforadas, mulheres pretas organizadas, rasurando a história, reescrevendo-a com e por você.

Jucilene Nogueira

Rio de Janeiro / RJ

Em meio a tantos acontecimentos que a sociedade brasileira tem passado, decidi escrever uma carta a uma mãe que representa todas as mães negras espalhadas pelo Brasil. Dessa forma, escolhi a senhora, Mirtes Renata, a mãe do anjo eternizado Miguel.

Mirtes, as mães que moram nos guetos, que vivem sob os desmandos do sistema, sofrem todos os dias as dores do parto. A via-crúcis começa ainda na gravidez, quando, nos últimos dias de gestação, não há certeza alguma de que o rebento virá ao mundo com dignidade. E as cenas do presépio natalino continuam a se repetir...

As crianças nascem. E crescem. Todos os dias, as mães que moram no gueto pedem a Deus que guie seus filhos. Que não sejam abordados pelos homens do mal. Que nenhuma bala infernal os encontre.

Que eles possam ir e vir em paz a um shopping ou à igreja. Que não sejam surpreendidos pelo crime mais que organizado. Que venham em paz.

Mas, todos os dias, as mães que moram nos guetos choram as dores de outras mães que moram no gueto. Observam, estáticas, o sangue do filho alheio misturando-se com a lama das calçadas. Esses filhos "não tiveram muita sorte", dizem alguns. Outros falam que "a culpa é da mãe".

As mães que moram nos guetos e perderam seus filhos estão ali. Vendo sua carne exposta às telas dos celulares infames e sites sensacionalistas. Notam o prazer mórbido com que alguns filmam e compartilham o seu momento de dor. Falo agora do menino Miguel, Mirtes, o teu filho que foi cruelmente assassinado pela sua ex-patroa, a tal sinhá do século XXI, Sari Corte, esposa do prefeito de Tamandaré, Pernambuco, na época.

A gente não pode ignorar que, em meio à pandemia da Covid-19, você, como trabalhadora, não teve direito a ficar em casa, além de expor a vida da criança à morte. E o pior de tudo: a morte realmente encontrou o Miguel.

Estamos gritando que vidas negras importam, enquanto vem um grupo falar que toda vida é importante. No caso de Miguel, foram mais importantes as vidas dos cachorros da sinhá.

Falam que a vida de Miguel custou 20 mil reais. Mentira! Há uma música antiga de Eduardo Dusek que diz: "troque seu cachorro por uma criança pobre." Já naquela época o cantor fazia uma crítica a essas madames aparentemente bondosas, mas que no fundo são verdadeiras feitoras.

O racismo mata todo dia. Outro dia foi o seu filho: menino negro e humilde que não completou nem os sete anos, virando um número nas estatísticas de corpos negros que tombam todos os dias. E mais uma vez é escancarado para a sociedade brasileira o fetiche da subalternidade. A gente sofre e não é de hoje. 133 anos de suposta abolição da escravatura. E daí?

Mas não poderemos nos calar diante de tanta desgraça. Lélia Gonzalez fala: "eu sei por que vocês estão aqui, mas não temos mais tempo para lamúrias." E eu termino esta pequena e dolorosa carta parafraseando Carolina Maria de Jesus, que diz que a revolução tem que começar em mim primeiro.

Miguel não está mais presente, mas o seu sangue derramado no elevador de um prédio burguês será motivo de luta por transformação, para que meus filhos e os de vocês possam ter direito à vida. A você, Mirtes, muitas forças, pois você segue esperançando e trazendo a nós, mães pretas, um respiro de fortalecimento, alento, fé e força.

Andréa Fiat Lux

Feira de Santana / BA

para ALÉM de uma Avenida chamada BRASIL

"Ponha aos olhos em mim."

Foi com este último pedido que Esperança Garcia – uma mulher negra de dezenove anos, mãe, escravizada e alfabetizada – encerrou a sua carta escrita em 6 de setembro de 1770 ao então governador da capitania do Piauí. Nela, entre imagens de "colchões de pancadas" e sonhos de algodão, a autora faz denúncias, súplicas e esperanças vazarem da tinta para o papel como se fossem "grandes trovoadas".

Tremulam amores, desamores e outras dores. A escrita tomada à mão como último recurso... a Esperança não morre: esperneia e esbraveja.

Cartas para Esperança é o título do 24º livro da Flup e, sim, nós queremos que o mundo "ponha os olhos" nas mulheres negras!

Mais de trezentas mulheres negras de todo o país enviaram suas cartas para a seleção. Lemos com o coração nos olhos palavras que pulsavam vida: vida de mulheres negras mães, avós, trabalhadoras domésticas, estudantes, acadêmicas, personalidades, ancestralidades. Mulheres que reviraram pelo avesso todas as suas certezas transformando-as em sementes lançadas em terra preta, fértil!

Ler este livro será trilhar um intenso caminho pela história íntima da família negra brasileira.

Também, mais de cinquenta mulheres negras participam do processo de formação Cartas para Santa Cruz, que objetiva escrever cartas para onze mulheres negras fundadoras da região de Santa Cruz/RJ – e inspiradoras de trajetórias.

A partir da leitura de cartas de mulheres escravizadas, escritoras e intelectuais negras como Maria Firmina dos Reis, Carolina Maria de Jesus, Conceição Evaristo, Françoise Ega, Teresa Cárdenas e Maya Angelou, essa formação da Flup propõe trabalhar lado a lado aspectos da memória social, da história íntima e da literatura na composição dessas cartas.

Enfim, a escrita aqui é levada à mão como um princípio: A esperança não morre, esbraceja.

Luciana Diogo

PARA: DIRCE GALVÃO
DE: VIRGINIA MORAIS

Saudosíssima Dirce Galvão,

Não se espante com a minha forma de iniciar esta carta a você. Sinto que necessito começar com verdade porque eras uma mulher de princípios e verdades. No palco da vida, nesses tortuosos e nublados dias de pós-pandemia, a população da nossa Santa Cruz vai se equilibrando na corda bamba, fazendo malabares nos sinais para conseguir um trocado, contorcendo-se debaixo de uma gestão cruel e impiedosa para não sucumbir diante do mal do século XXI. São realmente dias muito difíceis para a população da classe média, média-baixa e baixa da zona oeste. Estamos no ano de 2021 d.C. e as águas do tempo nos atravessam apressadamente, não dá nem para acreditar que o ano já está terminando. Um ano em que hasteamos a bandeira preta muitas e muitas e muitas vezes. Não tanto quanto no ano anterior, quando nossas perdas foram incalculáveis.

A arte foi a "bombinha" para nos salvar do asfixiamento desse vírus maldito. Ah, por favor, me perdoe, com certeza você não faz ideia do que estou falando. Um vírus, popularmente denominado coronavírus, espalhou-se em escala mundial devastando continentes, matando milhões de pessoas. Houve a necessidade de um isolamento, famílias inteiras foram afastadas de parentes, familiares e amigos, estabelecendo contatos somente pelas redes sociais.

Que falta fez a "roda" nesses tempos de isolamento social, um desassossego de alma. Uma necessidade de colocar as mãos umas sobre as outras, olhos nos olhos dos outros, como na oração que é feita pelos artistas circenses antes das apresentações: "Eu junto meus pés aos seus; eu coloco minhas mãos sobre as suas; eu olho nos seus olhos, para que juntos possamos fazer aquilo que eu não quero e não consigo fazer sozinho."

Surgiram muitas Dirces. Você fez escola; plantou sementes de amor, de união. As crianças do projeto cresceram, seguiram seus caminhos e nesses cruzamentos do caminho, vão girando a roda do moinho. Há os artistas, mas muitas outras profissões foram costuradas nessa lona.

O Jonathan, o Monoco, continua por aqui. Sonhando, trabalhando, sorrindo, incentivando e contando sempre como você o inspirava, como você o apresentou a essa terra, terra de Santa Cruz. Ele sempre fala da sua fé em Deus e de como ela a movia em direção ao outro, ao irmão e suas necessidades.

Consigo ver que nunca foi só arte, nunca foi só circo, nunca foi só "escolinha de reforço", nunca foi só o Aço. Nunca foi fração, sempre foi inteiro. Você inteira! Se doando, construindo, educando, voando alto nos trapézios da vida.

Sabe, também gosto de estar inteira em tudo o que faço. Aliás, temos outros pontos em comum: também nasci no mês de setembro; sou uma amante da arte em exercício – não do circo, mas do teatro –, e por coincidência ou não, sou professora, pedagoga formada, como você. Trabalhei por anos em um CIEP das comunidades de Santa Cruz, ali na comunidade do Antares. Assim como você, não sou "cria de Santa Cruz", como a "galera" costuma dizer, se referindo ao fato de ser ou não nascido no bairro, o que não nos impediu de amá-lo e lutar por ele.

Cada uma luta à sua maneira, entretanto, de uma forma ou outra, sempre se tem que lutar. Essa é a história das mulheres que amaram o bairro e travaram lutas por uma melhor qualidade de vida para seus moradores. Suas armas eram o amor, a esperança, a fé, a persistência, a educação, a arte e a resistência. A maioria delas não está registrada nos livros de história. Por esse motivo, eu estou escrevendo para você, para colocar seu nome, Dirce Galvão, registrado não só como nome de um projeto social na favela do Aço, contudo como nome de uma das mulheres negras e periféricas que com suas vidas escreveram parte da história do bairro de Santa Cruz.

Nós nunca nos encontramos pessoalmente, apesar de contemporâneas, o que penso que teria sido uma experiência inesquecível. Tomar caldo de cana na praça da Igreja Matriz de Nossa Senhora da Glória, observando o vaivém do trânsito de carros e pedestres na acelerada Avenida Cesário de Melo, perder o olhar no cruzamento, escolher a rota: se seguimos para a Pedra de Guaratiba, passando pela Santa Veridiana; ou se vamos a Sepetiba; ou se seguimos em direção a Paciência; ou ainda, se fazemos o retorno em direção ao centro de Santa Cruz, pela Rua Felipe Cardoso, até a estação de trem. Ah é, você gostava de andar de trem.

Mas esse passeio vou ter que deixar para a próxima carta.

Foi bom, nossa, foi muito bom conhecer sua história! Eu estava cansada, me sentindo só na luta por uma vida melhor para nossos irmãos, mas quando vi sua foto, seu sorriso, seu olhar, eu percebi o quanto vale a pena esperançar.

Obrigada!
Dessa sua irmã, mulher, negra, periférica,

Virginia Morais

PARA: CLÁUDIA PEREIRA SIQUEIRA
DE: NATHALIA AUGUSTO

Salve, salve, Cláudia!

Começo minha carta com este salve. Não nos conhecemos pessoalmente, mas me sinto ligada a você desde quando assisti aos vídeos das mulheres homenageadas de Santa Cruz. Sua voz, potente e firme, tem sonoridade animada e me convida a seguir. Ao lhe dizer este salve, imagino você falando. Sua voz ecoa em minha mente.

O tema da Flup deste ano é Cartas para Esperança, em homenagem a Esperança Garcia, que escreveu para se defender. Recordo o ditado "a esperança é a última que morre". Se hoje parece que a esperança está por um fio, trabalhos como o seu nos salvam e nos oferecem refúgio. Os movimentos sociais são como quilombos. Saúdam e salvam os antigos. Salvam e levantam os de hoje. Organizam e convocam para o futuro que ainda há de vir. Temos esperança de dias melhores, dias de liberdade verdadeira.

E eu não tenho tido dias fáceis. Ando lutando muito com a vida. Não consegui parar para escrever esta carta como eu gostaria de fazer e como acho que você merece. Tenho me sentido tão cansada. E sei que ainda não cheguei nem na metade do caminho. Mas vou teimar e escrever minha carta para você, apesar de tudo. Aprendi um dia desses que mulheres como nós não têm tempo para escrever, mas precisam escrever.

Grande Cláudia, descobri uma mulher negra da Reta João XXIII que faz muitas coisas diferenciadas: dona de uma marca de roupas e provocadora do Espaço Cultural Coletivo XXIII. Lá você promove a cooperativa de costura, rodas de rimas, cineclube, conversas temáticas, ajuda humanitária. São muitas as mulheres-lideranças aqui de Santa Cruz que abriram e abrem os caminhos para nós, que estamos seguindo seus passos. E foram muitas as outras mulheres negras brasileiras a elaborarem formas de sobrevivência e sociabilidades que nos permitiram viver nossas existências. Que as que vierem depois possam encontrar terreno limpo, aberto e fértil para semear, colher e dividir os frutos.

Você disse que a horta comunitária do Coletivo está em um terreno onde antes era nada. Era lixão, hoje é fruto de sobrevivência e de possibilidades de relacionamentos comunitários. A plantação constrói a afetividade, né? A educação também passa pela semeadura. Contar e escrever nossas histórias me faz refletir como elas estão interligadas, da carta de Esperança Garcia à carta da Gloria Anzaldúa; do seu trabalho ao meu. O quanto somos uma só, minha querida?

Lembro que você falou no vídeo para a Flup de uma oficina de *patchwork* que fez com as mães do Brizolão da João XXIII. Eu fui professora de CIEP por mais de cinco anos. Lidava com as mães e com histórias de mães todos os dias. Acho que nossa trajetória se cruza quando ajudamos a alinhavar todas essas histórias.

E a sua trajetória me inspira, Cláudia. Você tem passagem pelo teatro, cinema, moda. Destaco o fato de você ser idealizadora da cooperativa Coosturarte e também ter uma marca própria de confecção. Eu sou professora de português. Eu lido com texto, você lida com tecido. E nessa lida, juntas vamos tecendo, costurando e escrevendo.

Escrever sobre você é como escrever sobre mim. Contar nossas histórias é uma forma de lembrar o passado, reconhecer quem veio antes, recomeçar quantas vezes for preciso e mirar o futuro. Nosso território é como uma grande colcha de *patchwork*, cada pedaço de pano corresponde à singularidade de uma de nós. E é tão bom ver todos os movimentos conectados, interligados, alinhavados.

Pensei no que escrever enquanto estava parada no Curral Falso à espera de alguma condução que me levasse a minha escola, na qual dou aulas. A nossa região já foi caminho real, já teve esperança de futuro industrial promissor e hoje amarga a precariedade e o abandono. Desci do BRT Santa Cruz, que é simbolicamente o exemplo da desigualdade racista que nos atinge todos os dias. Se hoje o projeto BRT não funciona bem na cidade do Rio de Janeiro, a linha de Santa Cruz é ainda pior. E isso é visível só de observar ônibus, estações e situações do dia a dia.

Enquanto esperava, pensei na passagem do tempo. É como se cada uma de nós, remetentes e destinatárias, escritoras e homenageadas, ao mesmo tempo se cruzasse naquele vuco-vuco que é Santa Cruz, sabe? Gente descendo as escadarias da estação de trem, gente saindo da estação do BRT e gente descendo das vans e ônibus que param em qualquer lugar. Nesse grande vaivém, nossos corpos se cruzam, se esbarram, num ponto comum. E aos poucos somos nós mesmas que vamos arrumar essa bagunça toda. Como quem arruma a casa.

E agora, ao escrever, nos vejo sentadas diante de máquinas de costura, numa sala iluminada com a luz natural bem forte das tardes ensolaradas de outubro. E enquanto saboreamos cafezinho ou chá, arrumando tecidos, enrolamos carretéis e desenrolamos nossa conversa.

O exercício dessa escrita é a tentativa de arrumar meus pensamentos para te dizer o quanto me vejo e me quero alinhada a você, Cláudia. E assim a gente vai se acostumando a se identificar umas nas outras e a falar umas com as outras através de cartas-colchas, produzidas por mulheres diferentes entre si, mas que igualmente tecem histórias do coletivo.

Ligadas por um projeto de futuro em comum, esperamos contar para os nossos as muitas histórias que temos. Por isso a esperança na educação como aquilombadora e acolhedora. Educação popular como movimento de luta que promoverá liberdade. Vamos juntas.

Cláudia, minha parceira, eu já disse pra uma grande mulher que admiro e também está na Flup e agora repito aqui:
Saiba que me acho em você e te acho demais.

Nathalia Augusto

PARA: JUREMA DUARTE
DE: YNARA NORONHA

Dona Jurema,

Hoje eu tive um sonho e vi seu coração
Dentro dele pulsava "Jurema Amor nas Mãos"
Então decidi escrever pra você
Pra te contar o sonho e agradecer
Nele, te chamei pelo nome que mais conhecia
Dona Jurema, mas como prefere ser chamada, vovó, irmã ou tia?
Você estava abraçando o mundo com um sorriso no rosto
Conquistando seu espaço cada vez mais um pouco
Percebi a sua vida severina, dura com tantos entrelaçamentos
Quero te dizer: Tu és Mulher forte e corajosa, de muitos ensinamentos
Suas mãos estavam contando histórias e devaneando no piano
Tocava em cada pessoa apenas dedilhando e gesticulando
Narrou suas lembranças e memórias que me inspiram a viver
Tão linda e admirável, é incrível poder te conhecer
No palco da vida, comunicou sonhos através das Libras
Reparei então que pra tanta gente você já construiu vidas
Todo cuidado e atenção à especialidade da minoria
Fomentando ensinamento de cria pra cria
Humildade se revela ao te encontrar
Dignidade é a forma honesta que deparei por me cativar
Fazendo incansavelmente o sonho ser realidade
Acreditando que seu amor vence toda dificuldade
Influência máxima pra minha juventude
Põe a mão na massa, não dá mole, negra de atitude
A trajetória fez de sua vida uma poesia
Percorrendo as Libras sua graça nos contagia
E o sonho terminou assim, sua vida gritando o que persegue
Acredite e tenha fé que um dia você consegue.

Ynara Noronha

PARA: ADRIANA VERIDIANA
DE: AMANDA IZAIAS DA SILVA, CAMILA FRANÇA, ELZA SERRA, JANDA BARRETO SOARES E KEILA GOMES

Entre mãos, entre afetos, entre mulheres pretas

Oi, Adriana, tudo bem contigo?

Esperamos que sim. Esta carta que você está lendo agora foi escrita por cinco mulheres pretas, cinco mulheres pretas de Santa Cruz, de diferentes cantos deste bairro, de diferentes idades, diferentes formações. Algumas você conhece, outras ainda não, mas oportunidades não vão faltar.

Escolhemos você como homenageada porque sua história se entrelaça com as nossas de muitas maneiras, como por exemplo, por ser a primeira da família a cursar uma graduação ou pelas brincadeiras na infância com seus primos e, principalmente, por ser mulher negra e moradora da zona oeste. Você representa muito bem as várias formas de (re)existir com afeto e ternura.

Fazemos uma revolução quando escrevemos em dez mãos pretas para homenagear você e sua saia de chita. Nossos caminhos se cruzam, nossas histórias se entrelaçam sob o "olhar" desta terra de Santa Cruz. Talvez esse encontro estivesse predestinado por forças que desconhecemos. E que bom viver essa ancestralidade juntas. Isso é revolucionário. Mulher preta tem disso, né?!

Paramos e nos perguntamos se, em seus sonhos mais utópicos de liberdade, os escravizados da fazenda Imperial de Santa Cruz, que agora é o "Batalhão Villagran Cabrita", imaginavam que teria uma mulher preta, filha de empregada doméstica, atuando de forma tão rica e tão efetiva na vida das mulheres que aqui residem. E que você seria tão importante para um bairro satélite de Santa Cruz – o Santa Veridiana – ao ponto de seu sobrenome se tornar o nome desta santa!! É muito bonito pensar que a praça do BRT, aqui em Santa Cruz, já viu seus tambores, ouviu sua voz macia e certeira cantando e encantando com sua saia de chita.

Sabe, Adriana? Conceição Evaristo, uma griot, diz que a nossa história e a nossa escrevivência não existem para ninar as pessoas da casa-grande e sim para não deixá-las dormir, pois sem nós, mulheres negras, base de toda essa estrutura social, política e econômica, nada pode ir adiante.

Ficamos muito tempo silenciadas! Agora, não admitimos não só o nosso silenciamento como o das nossas irmãs. A gente existe e resiste, não somos a carne mais barata do mercado, somos corpo, somos por inteiro e você performa isso, Adriana. Que bom! Que bom!

E não tinha que ser uma mulher negra, vinda de Itaperuna, para abalar as estruturas de uma instituição secular? A igreja católica precisa da africanidade que você coloca nas "Mariamas", já que entra nela pedindo licença somente para Jesus e reverenciando a mulher que não o abandonou, Maria.

Iguais a você, existem outras irmãs pretas periféricas, que não abandonam os filhos, e todas as outras mães pretas do mundo, que criam sua prole sozinha, equilibrando os pratos que a sociedade racista, machista e misógina insiste em derrubar. Você nos ensinou que não precisamos deixar de ser quem somos por estar em um lugar no qual os olhares são outros. E, principalmente, nos ensinou a não perder a nossa essência.

Que você continue levando Alegrias, Axés, Améns, Aleluias e namastês, despertando em nós as nossas melhores versões através do Amor.

Adriana, Drica, tão carinhosamente chamada por nós, seu grande e importante caminho dentro do Movimento de Mulheres, sua voz tão macia e tão doce, voz que acalma, voz que faz brotar dentro de nosso âmago os mais nobres sentimentos, pois, com essa mesma voz, foste firme, pegaste em inúmeros microfones, subiste em inúmeros tablados, tanto aqui no centro da nossa capital como no Distrito Federal, e, desse modo, alçou em alto e bom som a resiliência das mulheres de Santa Cruz.

Que imagem linda relembrar você, Adriana, nossa Drica, sempre tão combativa e segura do caminho que era necessário trilhar nesses espaços de poder onde seus pés com certeza cunharam "os nossos passos que vem de muito longe", onde todas nós nos vemos em ti.

Certamente, estar ao seu lado nestes anos de ativismo e militância nos enriquece, fortalece nossas coroas, o poder da nossa cor, dos nossos corpos femininos fortalecidos na nossa ancestralidade.

Essa és Tu, Adriana Veridiana, Mulher negra. Mulher brasileira, Mulher de Luta, Mulher de Fé, Mulher de Santa Cruz!

Com Carinho,

Amanda Izaias da Silva, Camila França, Elza Serra, Janda Barreto Soares e Keila Gomes

PARA: MAURA GUERREIRA
(MARIA HELENA DE SOUZA DOS SANTOS)
DE: JESS ARAÚJO

Maura, Maura, minha querida!

Poderia comparar-te a "Maria, Maria", de Milton Nascimento. Que história de vida cheia de garra, força e sonhos. Essa mania estranha de acreditar na vida só poderia vir de uma mulher de fé. Suas marcas marcaram e vão continuar marcando as pessoas que tiverem a honra de te conhecer.

Ouvindo sua história pude me conectar em alguns momentos com o meu eu na infância e início da adolescência. Eu era a primeira neta da casa e assim como você, tive que aprender a lutar assistindo filmes para me defender dos meus primos, dos meninos e meninas nas ruas. As meninas que andavam comigo só podiam sair se eu fosse junto. Talvez porque eu me responsabilizava por ir pagar as contas dos mais velhos na lotérica do bairro. Era um tempo diferente, já ouvíamos muito "no meu tempo não existiam essas coisas" dos mais velhos. Ah, eu também gostava muito de dançar! Tinha um amigo, que era meu companheiro fiel, sempre puxávamos um bonde pra irmos ao baile, ninguém mexia com a gente. Ter fama de brigona tinha seus benefícios. Mantinha longe quem não devia estar por perto.

Sendo a filha mais velha de uma mãe solo, que teve que trabalhar triplicado, desde muito cedo eu precisei cuidar do meu irmão para ninguém tirar onda com ele também. E para a minha mãe descansar, já que ela trabalhou um tempo à noite nos Correios no Centro do Rio, numa lanchonete terceirizada. Eu a ajudava arrumando e colocando meu irmão no colégio, preparava o almoço e, à tarde, ia buscá-lo no colégio. Às vezes, eu a acordava para almoçar com a gente; outras, ela mesma levantava. Trocar o dia pela noite não é fácil pra ninguém.

Houve tempos difíceis também. Minha mãe sem trabalhar, uma vez escreveu um bilhete e pediu para eu atravessar o bairro e ir na minha tia. Na época, ela pediu para eu não ler, que era pra eu entregar, esperar a resposta e voltar. Como a resposta foi negativa, abri o papel sabendo o que iria encontrar. A gente mal tinha almoçado nesse dia. Era dia de feira no bairro, e eu não voltei pra casa de mãos vazias. A xepa foi nosso jantar daquele dia. E por um milagre não passei pelo que passou. Mas não deixei de sentir sua dor quando ouvi essa parte da história.

Nunca passou pela minha cabeça que Santa Cruz seria um divisor de águas na minha vida. Nova Sepetiba fez parte da infância da minha mãe, os avós paternos dela moravam lá. E apesar de ter parentes por aí, não foram essas as razões que me aproximaram tão afetivamente do bairro. Foi através de Santa Cruz, em 2019, o Santa Cruz Universitário, que consegui estar hoje numa universidade pública. A mesma Santa Cruz que minha avó com onze anos e sua família deixaram, com a promessa de uma casa em um bairro planejado que levava o nome de Vila Kennedy. A Universidade Estadual do Rio de Janeiro, chamada de UERJ, já foi a favela do Esqueleto.

Fiz colegas em Santa Cruz, já perdi muito o fôlego subindo as escadas da estação, sempre estava correndo para pegar a van ou um ônibus. O churrasquinho do ponto já foi a melhor refeição para uma barriga faminta às 21h, no fim de aula. Conheci outras pessoas de Vila Paciência que fazem um barulho aí também com o Levante Aço, um projeto social liderado por jovens. A raiz do Aço é forte (risos), lutar pela urgência de políticas públicas para seu território é só pra quem entende a potência dele.

Hoje eu quero me conectar com esse espírito de liderança que te inundou aos quatorze anos! Essa assistência, essa certeza, esse brilho que sai de você quando fala do seu lugar, sua missão, mesmo que em som de dor no processo. Se eu for a assistente social que você é, estarei andando pelo certo. Você mobilizou e paralisou uma escola, sempre na luta e em defesa do próximo. Quinze anos no Conselho Tutelar, encaminhando crianças, assim como dona Valdima um dia fez. Sua gratidão por ela não é só expressada nas palavras, têm gesto, ação de uma mulher que não é de parar em casa, como bem diz. A Comunidade de Vila Paciência tem uma gestora de peso. Sua candidatura precisa acontecer, não deixe de continuar seu legado. Você já é uma lenda, Maura Guerreira.

Estou dando alguns passos, e por vezes quase desisti, mas não se explica essa mania. Agora sou uma jovem líder na minha comunidade, com um projeto de retomada escolar. Sei que não é fácil, mas conhecer você me deu gás, trouxe mais sentido. Vou seguindo, ecoando para encontrar espaço. Obrigada por compartilhar sua trajetória, a esperança de um dia melhor tem seu nome para mim. Espero ser grande como você, uma mulher negra de raça!

Eu te aplaudo de pé, porque você merece. Te admiro. Você virou a minha referência, dona Maria Helena!

Jess Araújo

PARA: MARIA JOSÉ PEDROSA
DE: SYLVIA ARCURI

Oi, dona Maria José Pedrosa, tudo bem? Para mim, Mazé.

Nem pedi permissão para chamá-la assim, poderia ter sido Mariinha ou Cotinha, como minha avó, mas escolhi essa, como uma forma de diminuir a distância entre nós, já que não nos conhecemos durante nossa louca existência. Sinto-me próxima depois que ouvi Quézia, sua filha, falar de você com muito amor. Esse tipo de amor que só cabe entre mãe e filha, pois transcende qualquer compreensão, sendo apenas cumplicidade

Hoje, por aqui pela zona oeste, chove bastante, estou em Pedra de Guaratiba, fiz até bolinho de chuva para degustá-los com cafezinho enquanto lhe escrevo. Faz um frio que você nem imagina, talvez pela proximidade da baía de Sepetiba, e olha que já é outubro, o tempo tem enlouquecido. Enfim, não é sobre o clima que quero falar, na verdade quero te contar que, para entrar nesse processo de escrita, deveríamos escrever uma carta para Santa Cruz, que para mim é "minha bairro", isso mesmo, um bairro mulher que poderia ser chamada de "bairra". Você não acha? Além disso, para mim, e creio que para você também, essa deveria ser a primeira estação de trem, o que muitos discordam, mas se o ramal se chama Santa Cruz, ela é a primeira nos trilhos e nos nossos corações, não é mesmo?

Diante da folha em branco, pensei: são tantos afetos, encontros, colos, carinhos vividos por aqui que vai faltar papel para contar tantas histórias nesta "cartística". Inventei até um nome para esse novo gênero que você me provoca a criar e a escrever.

Quantas histórias vivi pelas ruas de Santa Cruz, a começar pelos encontros na casa do poeta Tadeu de Freitas, que ficava na Rua Lopes de Moura nº 54, casa que já não existe. Esses encontros eram maravilhosos, regados a poesias e músicas. A mãe dele, dona Vanda, nos deixava à vontade e preparava sempre um lanche delicioso. Ela gostava quando eu ficava, me deixava dormir no quarto dele. Além disso, aconteciam os saraus e as disputas poéticas no Grêmio Procópio Ferreira, todos eles produzidos pelo poeta e confidencio que, em algum momento, foi meu namorado. Disso sempre me lembrarei, porque os amassos dentro da Fiat Uno azul-marinho também aconteciam pelas ruas santacruzences. Eu e Tadeu sempre nos encontramos, ele continua morando aqui, posso dizer que ele é meu contatinho (uma gíria nova que significa namorado casual). Será que as pessoas conhecem, tão bem como nós duas, os charmosos pontos turísticos da nossa bairra? O hangar do Zeppelin, a Ponte dos Jesuítas, o Palacete Princesa Isabel, o Solar dos Araújos e a Fonte Wallace?

Mazé, nem lhe conto, mas conto e em segredo: não sabia para quem escrever, todas as mulheres que nos apresentaram, assim como você, são potência, resistência de vida e na vida e me tocam de uma maneira que sei não. Muitas vezes me pego perguntando: será? Não queria escrever só por escrever uma carta destinada "mulheresaberes". Muita responsabilidade pois toca na nossa ancestralidade, nos nossos afetos e desperta poderes adormecidos, mas potentes.

Enrolei, me enrolo muito quando o assunto é decidir, escolher... Queria todas, mas decidi destinar minhas palavras a você, que fez muita diferença no Cesarão e deixou um legado por lá. Sua vinda coincide com a minha maternidade, o seu parto como partida dá as mãos ao meu parto como parida. Sua chegada ao conjunto da Coab da Cesário de Melo é uma cena de filme, pelo menos como foi contado pela Quézia. Além da família, sua propriedade amorosa, trazia um artefato como bem, o seu telefone, que foi de muita serventia para a vizinhança. Um simples aparelho que nos conecta com o resto da cidade e no seu caso, com um mundo de possibilidades para pessoas que tinham muito pouco ou quase nada. Isso quando a linha da Cetel funcionava, porque, muitas vezes, emudecia como nós diante de alguma dificuldade. Mas entendi que você, resistência, não se deixava abater e não se calava, já ia à igreja pedir ajuda para as demandas, mas ainda era muito pouco. Insatisfeita, você buscava brechas, chances para conseguir as certidões de nascimento, trabalho para os sem escolaridade formal, resto de legumes para fazer compotas para um povo que carecia de um tudo, mas com desejos de orientações. Entendo bem quando sua filha ficava chateada com você, porque ajudava e nem recebia o reconhecimento devido, mas também sei que nem ligava e estava preocupada que sua vizinhança pudesse viver com dignidade, em um bairro onde o mínimo virasse o máximo. Era difícil, sim, mas sem tempo ruim para você, né não?

Queria contar-lhe que agora existem muitas como você. Também gostaria de lhe apresentar afetos, coisas simples atuais e cotidianas, se por acaso, na sua época, 1981, já tinha a loja que fica em frente à Estação de Santa Cruz, aquela de esquina que tem todas as sapateiras arrumadas na calçada, a que fica ao lado do Kadinho, será que já existia? Pela minha memória, acho que não.

Toda vez que passo por aquela pilha de sapateiras/móveis com travesseiros ao lado eu penso na necessidade de organização. Outro dia, vi uma moça parar em frente a elas, namorando, olhando, passando a mão para sentir a textura, a resistência... Observei-a e viajei pela cena, viaje comigo! Via a moça dentro da sua casa, usando as simples sapateiras e organizando, dentro dela, seus pertences e a vida. Como eu, aqui, tentando arrumar os pensamentos, a escrita, os sentimentos e, sobretudo, a palavra, o meu, o nosso "falatório".

Não queria terminar este texto, minha doce lutadora da vida de muitos, mas deixo um ponto e vírgula junto com reticências e espero encontrá-la nas esquinas astrais, ou seria nos conjuntos astrais plasmados como Cesarão? Não importa como e nem onde, a única coisa que importa é a nossa conexão de coração, de afeto, garra, luta e resiliência, pois quem ampara o outro na verdade ampara a si mesmo, para não sucumbir. Ah, ia me esquecendo: o bolinho de chuva estava uma delícia!

Beijos.
Carinho.
E ouso pedir-lhe a bênção.

Sylvia Arcuri

PARA: DONA EUNICE (GEORGINA REBECCHI)
DE: ADRIANA VERIDIANA, MARIA DA LUZ E ROGERIA NASCIMENTO

Querida Eunice, quem escreve esta carta são três mulheres que se conheceram através da sua história, porém cada uma de nós te conheceu em épocas diferentes, e desde o dia em que te conhecemos até o dia de hoje, muitas coisas já aconteceram em nossas vidas.

Quando a gente é criança, acredita que, ao se tornar adulto, as coisas vão ficar mais fáceis, mas não é bem assim que acontece. Muito pelo contrário, tudo se torna mais difícil. Principalmente por sermos mulheres negras e periféricas, sofremos muito na hora de conseguir um emprego. Ficamos pensando como foi difícil para você, uma mulher pobre, negra e empregada doméstica aos 46 anos de idade, ingressar e concluir um curso superior em uma universidade pública. Isso é um exemplo de inspiração para todas nós. Sabemos de suas dores e mesmo assim, você continua firme na caminhada.

Sua história nos remete a Conceição Evaristo, que trabalhou como doméstica, entrou na faculdade pública aos quarenta anos, formou-se aos 46 na UFRJ e se tornou professora como você. Ficamos encantadas e nos identificamos com aquele seu jeito todo especial de ser igreja e, daí, nossa vida tomou outro rumo espiritual e social com seus exemplos de mulher de luta e resistência. Não podemos deixar de lembrar que você está sempre à frente das lideranças na Matriz Nossa Senhora da Glória e na comunidade Santa Veridiana – animadora do grupo jovem, catequista, ministra da eucaristia, círculos bíblicos e pastorais.

Nós sabemos muito bem que ser mulher negra atuante nas causas requer abrir mão de muitas coisas e isso faz toda diferença quando praticamos o amor ao próximo – e foi exatamente esse amor que nos levou a te escrever. Nós três: Adriana Veridiana, que tem uma história de luta com você na Ceb Santa Veridiana; Rogeria, que foi sua aluna na catequese; e Maria da Luz, que te conheceu e se encantou com seu trabalho espiritual na comunidade.

Trazemos na bagagem nossas vivências, que de certa forma simpatizaram com o que você e o saudoso jovem Alair apresentavam quando faziam visitas nas casas. A sua voz doce e calma e a sua paciência e tranquilidade encantam as pessoas: mesmo com tantos desafios, você não se cala, é uma voz que clama por justiça em Santa Cruz. Portanto, escrevemos-lhe para enaltecer sua coragem, sua persistência e o seu desejo de ver assegurados e operantes os direitos básicos dos cidadãos não só de Santa Cruz, mas também de outros lugares.

Cada uma de nós sabe de nossos passos até chegar neste bairro chamado Santa Cruz, de tamanha importância histórica, no qual você faz história e faz parte de nossa história.

Porque você é uma mulher preta militante que vem do bairro Jesuítas transformar vidas no Cesarão, na Santa Veridiana e nos conjuntos habitacionais que agora fazem parte da Estrada Santa Veridiana. E olhando bem o bairro de Santa Cruz, percebemos o quanto é valioso por sua leveza e a sua singularidade.

Observamos a natureza em seu entorno, seu clima saudável, sua vegetação, o Sol brilhante, podemos sentir o vento com ar puro natural, pensamos na chuva, na Lua tão clara, nas estrelas brilhantes, diferentes de alguns lugares onde a poluição ofusca esses brilhos. Os passageiros nas estações do BRT superlotadas na Av. Cesário de Melo, as plantas que ornamentam a frente da igreja Nossa Senhora da Glória, na qual você atua até hoje como catequista nos círculos bíblicos e como ministra da Eucaristia, e a Escola Municipal Eduardo Rabelo, que agora está com o muro todo colorido com desenhos assinados por diversos artistas.

Mesmo com as mudanças e melhorias que ao longo dos anos vimos acontecer em Santa Cruz, Eunice, a vida continua difícil, pois sabemos das desigualdades existentes com relação ao nosso bairro, mas enfrentamos com muita força e garra, pois a vida é assim como um jogo de videogame, cheia de desafios que temos que encarar até passar para a próxima fase, e você continua passando de fase e se reinventando a cada dia para dar conta de sua missão.

Queremos te parabenizar por toda sua luta e resistência na evangelização, mesmo sabendo dos obstáculos para enfrentar esse sistema opressor. Ser mulher negra e militante requer muita sabedoria e disciplina, e nesse ponto você é muito sábia e especial dentro da igreja. Sabemos de muitas mulheres que estão na luta por respeito e espaço no mundo religioso, a exemplo de uma militante do feminismo evangélico chamada Simony dos Anjos, que escreve em uma carta que não se podem negar suas raízes e não se podem aceitar os fundamentalistas religiosos que exploram o povo preto e pobre e, por fim, Simony escolhe esse caminho inspirada por mulheres como Sojourner Truth, para a qual ela escreve, e também Dandara, a Irmandade da Boa Morte, Lélia Gonzalez, Beatriz Nascimento e tantas mulheres negras que abriram caminho de luta.

Continue sendo essa potência e não deixe sua luz divina se apagar.

Eunice, obrigada por fazer parte de nossas histórias, pois você é uma inspiração para todas nós. Sigamos animadas pela fé e enfrentando todos os reveses diários que virão pela frente.

Com amor e carinho,

Adriana Veridiana, Maria da Luz, Rogeria Nascimento

PARA: DONA SOL (SOLIMAR PEREIRA LIMA GOMES)
DE: EMANUELE RIBEIRO, LIDIANE DE OLIVEIRA FRANCISCO E JOLIANE VITOR MIRANDA

Olá, dona Sol.

Aqui quem fala são as crias de Jardim Palmares, mas para facilitar, sempre que nos perguntavam onde morávamos, dizíamos "Santa Cruz", pois muitos não conheciam e, com isso, perguntavam se era Palmares de Nova Iguaçu, e dizíamos que era chegando a Santa Cruz. Para complicar, alguns perguntavam se era Santa Cruz da Serra. No fim das contas, pra resumir, dizíamos que era no final da Avenida Brasil, quase chegando na Rio Santos, caminho para as praias da Costa Verde, ou então que era bem depois do viaduto Oscar de Brito, vulgo viaduto dos Cabritos. Mas agora, depois de ouvir a melhor versão para explicar de onde viemos, descobrimos que não é o fim, mas sim o início. Aprendemos nos encontros da Flup para a produção das cartas. Foi maravilhoso saber que Jardim Palmares faz parte do início.

Sabe, dona Sol, pensamos muito em como a sua trajetória cruza com a nossa pelo fato de sermos mulheres negras, exercendo profissões de cuidar do próximo, atarefadas, e vez ou outra envolvidas com um projeto aqui, outro ali. Nos encantamos com sua história. A vontade que dá é de fechar os olhos e, por um sorriso, sair dessa carta para te abraçar e parabenizar por sua história de luta e solidariedade a todos que chegaram até você necessitando de ajuda.

É bonito perceber como nossas vivências se cruzam de várias formas, mesmo que seja conhecendo histórias como as de Maria Firmina dos Reis, Antonieta de Barros, Lélia Gonzalez, Conceição Evaristo, Carolina Maria de Jesus, entre outras, que foram mulheres que, assim como a senhora, são dignas de serem honradas pela trajetória que percorreram e pela representatividade que são em nossa comunidade.

Nossa relação com Santa Cruz nos proporcionou trilhar o caminho de cuidado, beleza e imaginação, uma vez que nosso trio é formado por uma pedagoga, uma enfermeira e uma atriz. Mulheres negras que enfrentaram muitos desafios ao pular as cercas da periferia, atravessar a cidade e realizar sonhos, enfrentando a Av. Brasil e seus engarrafamentos, e que, assim como a senhora, acreditam que investir no próximo é a melhor maneira de construir um futuro melhor. Isso se solidifica no Projeto Sol, criado pela senhora, uma vez que ajudou muitas famílias, pois realizava reforço escolar em contraturnos e de certa forma ajudava as mães ao ficar com as crianças enquanto muitas iam trabalhar. Além disso, seu projeto ofertava lanches e almoços, e tudo sem a ajuda de governo, e contribuía muito para o ensino e o futuro daquelas crianças, além de ajudar os pais e a comunidade como um todo.

Nossas histórias se encontram pela educação e pelo social, uma vez que já tivemos a oportunidade de participar de projetos durante a academia. Quando pudemos assistir ao seu vídeo, notamos que sempre se preocupou com essas questões. Afinal, essa é a proposta do seu projeto: cuidado.

Dona Sol, agradecemos e sentimos muito orgulho em conhecer o trabalho brilhante que você executou na comunidade do antigo Rola. Neste dia de finalização da carta, escrevemos de nossas casas com um lindo Sol lá fora, irradiando pela janela, reluzindo lindamente, que nos lembra seu nome, Solimar, que deu nome ao projeto Sol, que trouxe muito mais que um sol na vida das pessoas ao seu redor. Na verdade, ele iluminou literalmente o bairro que representaste, já que sua ajuda foi valiosa para a integração da UPA e para a iluminação no bairro.

Sua história nos fez refletir muito, dona Sol. Saiba que nos inspirou a seguirmos em frente mesmo com a correria diária. Aprendemos a viver a vida de forma ousada. É verdade que em determinados momentos tivemos e ainda temos medo, ainda mais quando se trata do novo. Mesmo assim, seguimos em frente, pois já dizia Mãe Stela de Oxóssi: "O medo é a arma invisível pros fortes", e nós somos resistência. A sua trajetória se cruza com tantas outras mulheres que resistiram para que hoje estivéssemos aqui dando continuidade ao seu legado, escrevendo, homenageando e incentivado outros projetos como esse.

Outra coisa que não podemos esquecer é da sua coragem, força e determinação, que soube proteger não apenas a si, mas também a sua família em tempos difíceis e desafiadores.

Fomos agraciadas pela oportunidade de ter contato com um pouco da sua história, te parabenizamos e desejamos o melhor que há nessa vida. Obrigada por não desistir, e acreditar que sempre é preciso ter esperança.

Atenciosamente,

Emanuele Ribeiro, Lidiane de Oliveira Francisco e Joliane Vítor Miranda

PARA: JEANE
DE: JOANA RAPHAEL

Minha querida Jeane, como você está?

Qual foi a última medalha que nossas crianças conquistaram? Consigo até ver o seu sorrisão quando um Ipon marca a vitória. Visualizo sua mãe falando para você: "Filha minha é forte. Não desiste. Vai até o fim."

Tenho certeza de que o Instituto Santa Cruz de Esportes segue firme graças às marcas positivas que ela forjou em seu caráter. Foi vendo o exemplo e assimilando as palavras dela que você, Sensei Jeane, foi moldada e pôde construir um projeto que vingou a despeito de todas as palavras negativas que ouviu.

Parabéns pela garra! Parabéns por enxergar diamantes onde a maioria enxerga lixo!

Sensei, eu não aprendi judô e nem fui atleta de alto rendimento como você, porém conheço bem a saga para voar alto, participar de campeonatos, comprar passagens, etc. Sei da frustração na falta de patrocínio e das barreiras para vencer o racismo estrutural que nos persegue e condena, mas é fantástico ver nossa capacidade de nos reinventarmos, alcançar patamares inimaginados no início da caminhada.

Sabia que tenho um filho atleta de alto rendimento? Por muitos anos, meu marido e eu fomos os "paitrocinadores" dele. Ele é atleta de futebol profissional e sabemos bem o que é dinheiro contado para passagem, lanche, material de treino e suplemento. Desde que conheci sua trajetória, tento imaginar a caminhada do meu menino se eu morasse aí perto de você, pois já se vão vinte anos que moro em Niterói. Uma cidade bem bonita, mas minha família segue morando em Santa Cruz e bairros vizinhos.

Fique sabendo que eu era adolescente quando Antares foi construído. Ele foi o primeiro conjunto habitacional construído na região de Santa Cruz, no ano de 1974, pela antiga Companhia de Habitação – Cohab, ao longo da Avenida que lhe dá nome. Suas casas deveriam funcionar transitoriamente como triagem, até que os moradores fossem transferidos para casas melhores, mas, com o passar do tempo, o conjunto ficou em definitivo. Essa história tem algo em comum com a Favela do Canindé, São Paulo, relatada por Carolina de Jesus, quando escreve ao sr. Gerson Tavares em 1976. Ela diz que, no ano de 1948, o governador do estado, Adhemar de Barros, tendo que receber a visita importante do General Craveiras Lopes, de Portugal, optou pela higienização da capital mandando procurar um terreno às margens do Rio Tietê para que os pobres que estavam pelas ruas da cidade pudessem ficar e construir seus barracos. Ele doou terrenos de 8x12, fazendo a promessa de retirá-los dali assim que fosse eleito presidente. Claro que ele não cumpriu a promessa e o povo ficou à deriva. De modo semelhante, os moradores das casinhas pequenas e mal construídas de Antares não foram contemplados com políticas públicas de educação, saúde, transporte, lazer. Atualmente, você sabe muito bem, 30 mil moradores lutam pela vida digna que merecem, pois muitas mulheres têm dificuldade para trabalhar porque não existem vagas suficientes para seus filhos nas creches. As aulas com frequência são suspensas porque policiais e traficantes vivem em confronto. Nessas ocasiões, o posto de saúde fecha as portas e os médicos não querem atender. Um suplício! Não é pior porque existem pessoas como você, que remam contra a maré. São teimosas. Acreditam na vida.

Antares e todas as favelas deste país precisam de ações como as desenvolvidas pelo Instituto Santa Cruz de Esportes. As instituições são sopro de vida em meio ao caos e à dor. São esperança em espaços onde a morte quer viver. Resistência. Resiliência. Amor com afeto. Bolo com refrigerante.

Em carta escrita por Simony dos Anjos a Sojouner Truth é possível ver o quanto a trajetória de Sojouner inspirou Simony. Sua história, Sensei, é inspiração para as crianças de Antares. Elas olham você e veem possibilidade. Elas se achegam ao seu colo e encontram impulso para avançarem em seus sonhos e se desviarem das ofertas sedutoras que podem trazer dor e morte.

Cá entre nós, quem iria imaginar ensinar os crias da Antares a praticar dança do ventre e futebol americano? Só você mesma e seus voluntários do bem. Deus sempre agrega outros iluminados à jornada.

A folha está acabando e nem falei do meu projeto para você. Sou fundadora e coordenadora do Projeto Escolhas do Bem há onze anos, mas falo dele em outra oportunidade. Na próxima carta ou encontro, proponho conversarmos sobre estratégias de captação de recursos para o Instituto. O que acha da ideia?

Obrigada por sua luta e por abrir caminhos para tantas potências existentes no Antares.

Abraços e afetos afros!

Joana Raphael

PARA: JUREMA DUARTE
DE: ANA CARLA

Minha saudosa e querida Jurema,

Estou aqui lembrando a primeira vez em que participamos da AMU BRASIL - Agenda da Mulher Brasileira 2016, em que fomos homenageadas pela Itamarcia Marçal, onde nos reencontramos. Para mim, foi um prazer enorme participar daquele evento em que você fez a tradução em Libras do começo ao fim. Foi lindo foi ver esse momento.

Querida Jurema, a vida tem bilhões de histórias, mas as nossas se cruzam em nosso bairro de Santa Cruz, um lugar no qual gosto muito de viver. É admirável saber que vivo em um bairro com tantas histórias Imperiais e riquezas, patrimônios históricos belíssimos, mas que hoje se encontram totalmente abandonados pelo poder público. Enfim, triste realidade que você e as demais mulheres homenageadas nesta edição da Flup, todas referências no nosso Bairro, procuram mudar.

É um orgulho e privilégio falar de todas vocês e de suas histórias de luta empenhadas no mesmo ideal, mas minha homenageada é você, Jurema, mulher negra que tenho certeza que inspira inúmeras pessoas, tantas que você nem imagina.

Você pensa com o coração, age pela emoção e vence pelo amor com as mãos, com as quais literalmente toca a sensibilidade das pessoas com deficiência auditiva.

Por isso, fundou a associação beneficente Jurema Amor nas Mãos Deficientes e Surdos - JAMDS, na comunidade do Conjunto Maestro Olímpio dos Santos, mais conhecido como Conjunto Urucânia, situado no bairro de Paciência, zona oeste do Rio de janeiro. Já aposentada como auxiliar de enfermagem, você passou a dedicar todo o seu tempo após a conclusão de um curso de Língua Brasileira de Sinais de Libras. Sua luta é intensa.

Aposto que, quando você se olha no espelho, a imagem que se agiganta é a de uma mulher de fibra, que tem força, tem sensibilidade e é guerreira que sonha e que luta pelos seus ideais. Essa imagem deve preencher todo o quarto, toda casa e transbordar brilhante por toda Santa Cruz.

Quero expressar minha felicidade por poder lhe escrever esta simples carta, Jurema, e dizer que a vida é cheia de exemplos. Basta se espelhar, não imitar, tentar fazer o melhor. Você é um desses exemplos de vida. A tua luta e prioridade são amar o próximo para que possa VIVER MELHOR!!!

Ana Carla

PARA: JUREMA DUARTE
DE: GLICIA RIBEIRO LINS

Minha grande amiga Jurema,

Resolvi te escrever porque esses dias estava olhando as fotos da festinha de aniversário que você e as crianças organizaram pra mim quando fui voluntária na JAMDS. Nossa, como me emocionei naquele dia. Na verdade, quase toda minha família foi voluntária lá, disso eu tenho certeza que você nunca esqueceu, pois uma vez você me disse que tem um caderninho com os nomes de todas as pessoas que te ajudaram lá. Sou muito orgulhosa de ter meu nome entre suas anotações.

Confesso que trabalhar como voluntária na JAMDS foi um dos maiores desafios da minha vida. Você não deve saber, mas muitas vezes chorei antes de chegar na ONG. Chorava por me sentir incapaz de introduzir aquelas meninas tão especiais no mundo da dança. Certa vez, recebi em minha turma uma menina sem os dois braços. Sabe, Ju? Acho que nunca te disse isso, mas ensinar ballet, uma dança altamente elitista e padronizada, para crianças com deficiência foi completamente desafiador para mim. Mas também foi uma oportunidade para ver a vida por outro lado.

Quero te agradecer por ter me dado a oportunidade de ser uma pessoa melhor. Sua trajetória de lutas e resistências se cruza com a minha de forma ímpar e tenho muito orgulho de ter conhecido mulheres como você. Sinto saudades de te levar pra casa no final do expediente e de ficar quase uma hora conversando contigo dentro do carro.

Espero que em breve possamos vivenciar novas experiências, pois você é daquele tipo de mulher que inspira e nos faz ter esperança num mundo melhor. Você não é só esperança. Você é luz para Santa Cruz.

Com muito amor e gratidão,

Glicia Ribeiro Lins

PARA: LINDAURIA DE NAZARÉ DO NASCIMENTO
DE: IRINEIA DIOLINDA DE JESUS E SURAMA LUZ

Querida Lindauria,

Eu e Surama ficamos muito emocionadas ao assistir seu depoimento, e mais felizes ainda em participarmos do Concurso Cartas para Esperança! Poder falar sobre mulheres negras de Santa Cruz e suas experiências de vida em seus territórios é algo imensurável.

A sua narrativa rebateu em nós como se fosse um espelho refletindo as histórias de nossas vidas. Ouvindo seus relatos, compreendemos que sua história tão singular deveria ser compartilhada e consideramos a sua trajetória um legado para novas gerações.

Lindauria, soubemos que sua mãe veio de Minas Gerais morar no morro da Formiga, na Tijuca, deixando em Minas seus três irmãos, pois não tinha como cuidar deles. Quando sua mãe chegou ao Rio de Janeiro, você nasceu no dia 14 de setembro de 1969, e, nesse período, houve uma enchente no Morro da Formiga, sua mãe e várias famílias ficaram desabrigadas e foram levadas para a Fazenda Modelo em Campo Grande, zona oeste. E soubemos também que sua família, depois de um período, ganhou uma casa em Vila Paciência.

Engraçado como essa narrativa se cruza com a vida da escritora Carolina Maria de Jesus, que também saiu de Minas para tentar a vida em uma cidade grande. Ela, também com três filhos e mãe solteira, perambulou pelas ruas de São Paulo; pensamos que um dos principais pontos de contato entre sua família e a de Carolina foi a fome, mas principalmente, a fome pela vida.

Quero te dizer, amiga, que nossas vidas também se cruzam. Minha genitora veio de Minas também com três filhos; dois morreram e só eu sobrevivi: colégio interno, casas de famílias, sofrendo abusos, preconceito, trabalho escravo, entre outras violências.

Não me deixei abater. Durante anos, desenvolvi vários projetos para a comunidade da Avenida João XIII e, hoje, é gratificante passar por várias comunidades e ser reconhecida. "Oi, tia Irineia, lembra de mim? Fui do projeto tal." É uma luta tentar fazer com que a população tenha seus direitos assegurados e aí na Vila Paciência (Favela do Aço) não é diferente. Na verdade, a situação nas comunidades é de ausência total de direitos. Aliás, a vida de famílias negras neste mundo nunca foi fácil. Tentar sobreviver nesses territórios é nossa tarefa diária.

Também penso assim, amiga Lindauria, e faço minhas as palavras da companheira Irineia. Foram nove anos trabalhando juntas, né? Nesse tempo, eu vi e vivi todo tipo de discriminação feita à sua pessoa, e mesmo assim, você nunca se deixou abater, mesmo sendo chamada de catadora de lixo (lixeira). Você catava lixo para estudar e, com ele, pagou seu curso e a alimentação de seus três filhos: Jonathan, Egídio e Stephanny. Depois, passou no concurso de Agente Comunitária de Saúde, conseguiu bolsa de 100% para Serviço Social; agora está em sua terceira pós-graduação e conta com orgulho que sua filha está no 8º período de Fisioterapia.

Isso tudo também me remete ao livro "Quarto de Despejo", de Carolina Maria de Jesus que, oriunda da favela, lutava para sobreviver catando lixo, mas, ao contrário de Carolina, você aprendeu a se calar diante de algumas situações para garantir seu emprego ou, talvez, por viver nesta época em que a crueldade é diferente: hoje temos que ser cegos, mudos e surdos, o oposto de Carolina, que contou em suas cartas e diários todas as suas dores e, hoje, o mundo sabe de toda a trajetória de sua vida por meio de seus livros.

Mas você desafiou e superou limites. Embora ninguém acreditasse em sua capacidade profissional, traçou seu caminho, com garra e coragem. Aí percebi que ser forte não é sempre nascer rica ou ter pele branca, mas, sim, ser "quem cai e levanta", "levanta e canta", "canta e encanta".

Lindauria, lembra do Outubro Rosa? Convidamos as mulheres da comunidade e oferecemos palestras, sorteios de brindes, e você levou uma representante da Mary Kay para fazer limpeza de pele e maquiagem, um sucesso. Almoçar com você era um privilégio, ouvir suas canções... Quero confidenciar que suas palavras sempre me serviram de incentivo: voltei a estudar, vivi momentos parecidos com os seus; fui, fiz e venci e continuo caminhando...

E penso que ao caminharmos por Santa Cruz – nessas áreas por onde passaram e viveram a nobreza imperial e suas figuras, extensas áreas rurais, de solo rico e uma natureza benévola –, nos entristecemos um pouco porque tudo está sumindo. Vivemos momentos de pauperização e abandono em pleno século XXI.

Penso que é importante repensarmos nossos conceitos, pensarmos novas formas de empoderamento para as novas gerações e desfazer essa impressão de que viemos de lugar nenhum: e qual o nosso local de pertencimento?

Paulina Chiziane disse assim: "eu venho de lugar nenhum", "eu não sou propriamente uma pessoa de extrato social", "eu vim do chão, um reconhecimento de alguém que veio de lugar nenhum". Sem dúvida é um motivo de inspiração para as gerações futuras. Diversamente, Carolina de Jesus definiu: "Eu denomino que a favela é o quarto de despejo de uma cidade. Nós os pobres somos os trastes velhos" – uma realidade que ainda existe na periferia brasileira, mas juntas podemos transformá-la!

Nos despedimos com carinho.

Irineia Diolinda de Jesus e Surama Luz

PARA: VALDICE FERREIRA
DE: LARISSA FERREIRA

Oi, vó!

Como sinto sua falta! Ao mesmo tempo, há uma presença que preenche tudo a minha volta e sei que é você. Em tudo o que faço, sinto seu legado construído com muita luta, respeito e motivado por uma força ancestral.

Lembro-me com carinho de todos os teus movimentos de luta pela vida. Sua liderança no movimento de mulheres em Santa Cruz abriu espaço para uma série de outras coletivas, grupos e mobilizações pelo bairro. Hoje somos Mariamas, Coletiva Popular de Mulheres da ZO, Teia de Solidariedade da ZO, Baque Mulher e muitas outras. Você adoraria conhecer, vó! A mesma necessidade que a senhora tinha de se afirmar enquanto uma mulher livre, reivindicar direitos, afetos e sobrevivência. Permanecemos lutando por aqui, sobretudo, as mulheres negras.

Obrigada por abrir caminho pra nós, dona Valdice! Santa Cruz cresceu demais, somos um bairro muito populoso. Como uma das primeiras habitantes do Lote XIV, a senhora ficaria feliz ao ver como esse lugar ganhou cor, mais cara e identidade. Mas também ficaria triste se visse nosso abandono. Seguimos negligenciadas, sem acesso à cidade, saúde, educação, esporte, cultura e lazer. É como se não existíssemos, sabe? Lembra da tua luta em fundar a primeira associação de moradores do Lote XIV? O teu empenho em mobilizar cada morador para uma luta organizada em prol da emancipação? Tudo isso se perdeu, vó!

Certamente você sente o banzo de cada palavra que escrevo. Hoje somos dominadas pelo poder paralelo e o sonho da luta organizada se encontra cada vez mais distante. É claro que temos resistido, como você nos ensinou. Às vezes sinto que somos poucas, mas lembro da tua força, das outras mulheres que estão comigo e penso que somos GIGANTES!

Obrigada por me letrar para o mundo. Ser alfabetizada pela senhora me deu a certeza da educadora que eu gostaria de me tornar; uma educadora popular. Os nossos encontros eram altamente libertários, estudávamos do alfabeto à arte. Éramos estudantes, atores, cantores e artistas. A educação libertária nos dava a possibilidade de passear por todos esses campos. A vida não te deu possibilidades de estudo, mas fez com que a senhora se tornasse uma grande educadora e formasse uma geração de pensadores. Os meninos cresceram tanto, vó! São mães, pais, trabalhadores, professoras, assistentes sociais, companheiras de luta. Valeu a pena investir em nós. Você foi a maior incentivadora dos nossos sonhos. Continuamos incentivando mais sonhos e formando mais leitores através da biblioteca, que recebe o seu nome. Nela recebemos mulheres pretas incríveis, como Conceição Evaristo, Chimamanda Ngozi, Cidinha da Silva e muitas outras.

As coisas não têm sido fáceis por aqui, tudo parece desmoronar, mas tenho certeza de que você teria um salmo, um provérbio, uma palavra para todo esse caos que estamos vivendo. Me agarro e faço delas a força motriz para continuar.

Tenho muito pra te escrever, dizer e expressar! Essa carta é mais um elo do nosso compromisso com a redução das desigualdades, com o plural, diverso e com o bem-viver. Seguimos juntinhas de onde nós estivermos.

Larissa Ferreira

SLAM ESPERANÇA

O que é a Poesia? Essa é uma palavra que vem do verbo "poien", da língua grega e que significa "criar". É uma atividade que segundo os antigos, tem relação direta com todas as forças que compõem o nosso mundo e se manifesta através das artes das musas que são as senhoras da memória, do conhecimento e da verdade.

Mas o que ela pode fazer pela humanidade? Em primeiro lugar, sem a Poesia a nossa existência teria menos sentido. A sua essência visa iluminar o nosso caminho, o nosso passado, presente e futuro através da beleza e da imaginação entre o "não dito", o "despercebido", o "explícito" e o "escondido" trazido pela "inspiração".

"Inspirar", "inspira" mais "ar". Analisando etimologicamente esse último termo, que vem do latim, podemos encontrar uma possível resposta, pois "inspirar" é trazer ar aos nossos pulmões. É fôlego, respiração. Logo, a Poesia é o sopro que impõe o ritmo e a melodia da vida. É verbo, substantivo, adjetivo e palavrão. É ação. É revelação e transformação...

Desde o seu surgimento, ela é uma atividade coletiva que visa o bem-estar coletivo, pois a comunicação é o seu fundamento que produz o mais precioso alimento para a alma através do canto que conta, que clama, que chora, que ri e que encanta, e que sopra pensamento para o vento, que é ar em movimento... Ela é resistência, insistência e potência que busca sempre harmonia. Viva a Poesia!

Entre o Rap e o Repente, entre o Cordel e o Slam. Entre a Capoeira, Toré, Coco, Candomblé, Baião e o Samba, vemos a multiplicidade da expressão mais genuína da nossa cultura, da nossa gente que dispensa a pobreza e a soberba da análise do mundo intelectual. Nos últimos anos estamos presenciando uma notável transformação que o projeto Slam Colegial tem trazido para o mundo ao romper as fronteiras impostas para a Literatura ao incentivar o protagonismo, a proatividade e a criação entre os jovens em diversos cantos do nosso país. O Slam Colegial configura-se como um espaço de troca, de vivência, resistência e de manifestação através da nossa benfazeja Poesia. Esse é também um espaço de acolhimento, escuta, diálogo, reflexão e de produção de sonhos que urgem por justiça. Eis aqui mais uma face das musas, pois a justiça é sinônimo de equilíbrio e harmonia. Em cada verso entoado nas próximas páginas deste livro está o desejo latente dos nossos jovens de construir um mundo mais justo, que não seja pautado pela desigualdade, preconceito, violência ou exploração.

Ouçam com máxima atenção todas as filhas e filhos das musas, pois esses são os portadores da verdade mais essencial do nosso mundo e do nosso tempo.

Axé.

Emerson Facão

Juliana Fernandes

Minas Gerais

Onde está nossa Esperança?
Abram os caminhos, que meu povo vem pelo mar
Abram os caminhos, que meu povo vem pelo mar
Nossa voz é Esperança
Que o ancestral vem proclamar
Abram os caminhos...
Onde está nossa Esperança?
Por onde ela se esconde nessa cidade?
Os muros são surdos perante os rumores do tráfego
E hoje é difícil sentir alívio
Se até o amor tem que ser explicado.
É que os ventos que sopraram no Atlântico
Só trouxeram aqui quem não quis ser pacífico.
Quem lutou até que o luto não fosse passageiro
E quantos de nós não tiveram voz na hora do desespero?
Era guerra atrás de guerra
E o cenário... Paz severa.
Escravidão pintada com as cores da corte
Era bonita pra agradar europeu.
Senzala moderna tem visão ampla da cidade!
É que do alto do morro eu vejo o que eles chamam de metrópole
Mas por aqui, só vejo duas faces...
Quem tem coragem de fazer justiça pelos seus
Como Esperança
É quem mancha a história do colonizador
E só de ter papel e caneta na mão de preto é ameaça pro opressor
Então... Veja onde a gente chegou.
Os caminhos trilhados pelos ancestrais
São como os rumos que tomo entres as vielas
Acendo velas
E nas minhas preces peço piedade por nós.
Piedade, meu senhor!

Tenha piedade desse povo sofrido
Que vive à margem desse cerrado seco
E não deixa de ser um colchão de pancadas do sistema.
Tenha piedade desse povo sofrido
Que não teve culpa de nascer longe do centro
E tem a determinação que ninguém imaginaria.
Piedade daqueles que têm a prioridade de sobreviver antes de sonhar.
Piedade daqueles que escrevem cartas para aliviar a dor de só ser o que é.
Os que equilibram a vida numa corda bamba
Têm fé na força dos bambas.
Para aqueles que ainda têm a fé de uma criança
Piedade, meu senhor, pois são os que ficarão na memória
Como Esperança.
E afinal, onde está nossa Esperança?
Onde ela se esconde?
Eu vejo ela ao dobrar as esquinas vazias
Vejo ela ao ver os da margem ocupando o centro.
Vejo a Esperança em nós
Ao enxergar tudo que vem de dentro.

Karolaine Monteiro

Rio de Janeiro

Trovoadas De Palavras
Vim falar de esperança.
Não a que vocês estão pensando
E é bem provável que alguns nem saibam do que estou falando
Afinal, nós não aprendemos isso na escola.
Eu ouvi sobre os portugueses chegando
Sobre a tamanha bondade de princesa Isabel
Mas parece que na hora de falar sobre os guerreiros pretos
Acabou o papel.
Eu vim falar de Esperança Garcia,
Mulher, mãe, preta, escravizada,
Contrariou todas as possibilidades
E reivindicou sua humanidade através de uma carta
E ninguém fala sobre isso,
Ela não ganhou uma estátua
Parece que pra isso era preciso ser escravocrata.
Só tinha como defesa um papel e uma caneta.
E eu me pergunto se isso foi em vão
Visto que agora tenho papel e caneta na mão
E ainda a mesma reclamação
O povo preto e indígena segue sendo alvo da desumanização.
Símbolo de resistência
Ansiava pelo momento em que sua agonia teria fim.
Suplicou: "Vossa Senhoria, ponha os olhos em mim."
Apelou para um Deus que sequer era o seu e pediu.
Pediu que terminasse sua quase morte e a dor de ver sofrer os seus.
Não duvidem que um preto sabendo ler e escrever é uma ameaça.
Porque somos
Somos ameaça aos seus valores escravocratas
Pra acabar com a tua graça, nós vamos usar trovoadas de palavras.
Agora, pra discontrair, querem ouvir uma piada?
Tentaram colocar no papel de uma escravizada uma atriz branca.

Tentam de todas as maneiras apagar as lembranças.
Tentando nos fazer engolir uma falsa Esperança
De que finalmemte entendam a importância da nossa luta
A nossa labuta
Péssima conduta
Não peça desculpa se não vê sua culpa
E não quer arcar com a reparação.
Eu escrevo esses versos
E eu quero o certo pelo certo
Chega de andar na rua com medo
Sabendo que meu futuro é incerto.
E ainda assim seremos acusados de cometer excessos
Quando moramos num país de desordem e retrocesso
E o que era pra ser reparado está sendo repetido
Nosso povo segue sendo negligenciado
Jogado ao acaso
Nas mãos dos capitães do mato
Sendo alvos dos tiros, meus irmãos seguem sendo taxados de bandidos
E meus ancestrais de submissos
E eu me questiono sobre a tamanha semelhança
Dos barracos das favelas com as senzalas
E das chibatadas com as balas
Nas cores dos corpos achados nas valas.
Achei meu refúgio na poesia, e já dizia Emicida:
"Vim esmagar boy que debocha da cultura black."
Foi tanta falta de representatividade
Que demorei quinze anos pra aceitar meu black.
E nessa trajetória me ofereceram vários beck
E eu não aceitei beck, mas aceitei uma Bic
E quando eu der o click 'cês vão tá fodido
Vai ser pique chef Djonga
O prato do dia vai ser racista cozido.
E eu não chamo isso de vingança
Eu chamo de mudança.
Eu já cansei de falar das brancas de trança

Agora eu só faço questão de educação pras nossas crianças
E quero que elas conheçam todos os sentidos da palavra esperança
Tanto a que a gente precisa pro futuro
Quanto a que a gente mantém na lembrança.
Além disso, eu quero justiça por todas as vítimas da tua ambição
E eu falo isso para o homem-bicho e sem coração
Que desde o início acaba com vidas através da exploração.
E eu digo e repito
Até meu último suspiro
Racistas não passarão.

FAL CÃO

Espírito Santo

Esperança
Esperança
Separada de quem era importante
Buscava a vitória, vigiada
A trilha do lado da dor pra chegar no topo da glória
Braços e mente fortes
Jamais parava

Orações e escritas sinceras
Tudo que almejava era melhoria pros seus
Creio que nisso eu tô certo
Em dizer que a mulher negra tem os pensamentos de Deus

Claro que podia fechar o tempo
Sua presença inspiradora
A senhoria espantada
Tiveram que dobrar a língua, ali nascia a primeira doutora

Maus-tratos e abuso era o que lhe ofereciam
O inspetor que a vigiava, um verdadeiro sanguessuga
Achou que iria conseguir parar essa evolução
Só esperou o tempo certo e não desistiu da luta

Esperança
Esperança

Quem dera se na atualidade
Pessoas pegassem seus ensinamentos
Que não desistissem tão rápido das coisas
Que todos pudessem batalhar pelos seus melhores momentos

Tirou forças em meio ao caos

Tendo seu marido e seus filhos levados pra longe, né?
Obviamente mostrando o seu valor
Dos campos pra um estado nos solos de Nazaré

Esperança
Esperança

Que não falte no dia a dia
Ir atrás do que realmente importa
E nunca parar com a correria

E diante de todo esse caos, faço o que eu posso
Peço ao meu povo que entre nós acabem as guerras
E vamos pegar de volta o que é nosso

Esperança

NO FIM, TIRARAM A MINHA

Victoria Oliveira

Piauí

esperança

substantivo feminino
sentimento de quem vê como possível a realização daquilo que deseja;
confiança em coisa boa;
"fé de uma vida melhor"

garcia: "aquele que é generoso."

garcia ESPERANÇA...
esperança garcia...
esperança esperança...
é o que resta a pandora
é o que te rogo nessa hora
vem nos berçar, se manifestar

confiança, fé, generosidade
acreditar num amanhã de igualdade
consciência viva no meio da sórdida alegria e agonia
nessa cólera atribulação,
defloramento do que consideram aberração
mulher cor de sangue
seu próprio sangue dado para beber aos seus
a cruz foi cautelosa comparada à vida de uma mulher negra
antes fossem apenas trezentos anos
é uma relidade de dois mil e tantos
coragem foi o acordar de esperança
bravura foi a escrita de garcia
quem é ela? quem foi ela?
uma vida, não
a representação em carne humana
de resistência em meio aos empalidecidos

se calem ao ouvir uma mulher negra falar
em sua pele carrega marcas de Esperança Garcia,
e de tantas outras que um dia viveram com a consciência do morrer

Withamy dos Santos

Ceará

"Esperança, ousadia e negritude"

Duzentos anos atrás
Pedi a Deus misericórdia
Porque força eu sempre tive
Veio junto com a melanina

O que me move é Esperança
Tenho esperança e sou forte
Extraem sangue da minha boca
Mas nunca lágrimas dos meus olhos

É tão simples o que quero
Liberdade não sei o que significa
Só quero batismo pros meus filhos
E viver na fazenda com o amor da minha vida

Aqui, depois de duzentos anos
Ainda passo muito mal
Preciso pedir aos brancos por minha vida
Esquecida em leito de hospital
Como Esperança nos algodões
Ainda dorme o negro no chão da rua da capital

Durmo no duro
Sou colchão de pancadas
A bala ainda prefere o sangue preto
O chicote troveja desde os tempos da colônia
Antes nas fazendas, hoje em dia, no gueto
Só Deus pra ter misericórdia

Oh, Deus!
O que quero é tão simples
Mas preto ter vontade

Ainda hoje é atrevimento
Petulante e audacioso
Corre o negro contra o tempo
Escreve, faz tudo maravilhoso
Mas pouco é seu merecimento
E Esperança vai sendo esquecida
Das histórias vira fragmento
Escrevo porque o que me move é Esperança
Tendo esperança, escrevo porque sou forte
Sendo Esperança, escrevo com ousadia
Cartas aos vampiros brancos que resvalam minha morte

Oh, Deus, misericórdia!
Os homens não a têm
Tentam calar minha boca
Mas a história me dá voz
Tentam apagar minha história
Mas ela resiste como eu
Não importa quantos de mim morram
Permanecemos vivos, nós

Nossa Esperança é alimento
Nossa pele preta é presente
E até o presente momento
Seguimos gritando, olhando pra cima, pra frente
Nós juramos não morrer

Mas ainda só quero o simples
Sorriso na boca
Comida na barriga
Ao preto foi ensinado que liberdade não é pra sua vida
E tudo
Todo o pouco que minha alma pobre me instiga
É só batismo pro meu filho
E viver na fazenda com o amor da minha vida

Bruna Raphaella

São Paulo

Seu nome carrega esperança e sua vida foi trágica
A mulher negra carrega o fardo.
Apanhava e via seus filhos sofrerem
Mas ao invés de abaixar a cabeça
Como as mulheres da época
Ela foi atrás de seus direitos.
Seria ela uma feminista?
Não sei, mas era mãe!

Toda mãe cuida dos seus filhos
Pela sua família se sacrificam
Onde viam suas situações
Elas não poderiam se abater!

Lute, lute mulher guerreira,
E não pare.
Proteja os de agora
Para os dos futuros prevalecerem!

Sempre lute pelo presente e pelo futuro
Porque o passado não pode ser mudado
Mas nada está perdido.
Siga em frente e lute
A vida é uma só
Nunca se sabe o que pode acontecer.

Por uma luta de quinhentos anos atrás
Hoje você é uma justiceira

Stéfany Oliveira

Goiás

Esperança Garcia
Importante para a história
De sua vida e da nossa
E com sua força nos mostra
Que além de guerreira foi corajosa

De sua carta surgiu uma esperança
Mas infelizmente fez derramar-se sangue
Para mostrar que mulher nenhuma
Quer ver filho sofrer ou virar saco de pancada

Gritou por seus direitos e lutou por se libertar
Ela queria para sua família voltar

Com sua literatura rica e de boa escrita
Nos mostrou o poder de uma mulher negra sabida

Foi porta-voz do coletivo
Mas também mostrou que sua família
Ficaria em primeiro lugar

Com o slam esperança pude notar essa grande advogada
Que me faz acreditar que até o CAOS pode ficar pequeno
E que se tem que ter garra – do sangue aos ossos

Talvez ela soubesse que um dia
As correntes se quebrariam
E assim entrou para a história
Como a primeira mulher negra a ser advogada
Ela sim, merece ser honrada!

MINI-BIOS

Adriana Ortega

Escritora e professora do CEFET-RJ. Autora de história e ficção em *Santa Evita* (Paco Editorial, 2014) e Sete Anos (Venas Abiertas, 2020). Participou de *Crônicas da Educação Básica* (CRV, 2019); *Carolinas: a nova geração de escritoras negras brasileiras* (Bazar do Tempo/Flup, 2021); *Cadernos Negros 43* (Quilombhoje, 2021) e *Um livro entre livros* (Conexão 7, 2021).

Alexandra Silva

Carioca, jornalista, poeta, nascida no Complexo do Alemão. Produtora, repórter e apresentadora de tevê e rádio. De volta ao Rio de Janeiro, trabalhou na TVC-Rio. Foi orientadora do concurso "Eu, jovem carioca, tenho uma história pra contar" (seu orientando ficou em 1° lugar). Foi gestora da Biblioteca Parque do Alemão e publicou na primeira turma da Flup, em 2012.

Ana Barbosa

Mulher negra. Quilombola urbana contemporânea. Fisioterapeuta. Docente do IFRJ. Especialista em Geriatria e Gerontologia pela UFF. Mestre e doutoranda em Saúde Pública pela ENSP/FIOCRUZ. Membra do Núcleo de Estudos Afro-Brasileiros e Indígenas (NEABI) CReal. Filha de Neyde, sobrinha de Vera, neta de Naná. Irmã de Fernanda. Mãe de Sara e de Maria Clara. Avó de Alanna.

Ana Carol Alves

Roteirista de São Paulo. Formada pelo Centro Universitário Belas Artes de São Paulo, estudou na Escola Municipal de Música de São Paulo. Atualmente escreve roteiros para o coletivo Os Andrades e colabora com diversos projetos de podcasts.

Ana Lúcia Raia

Doutoranda no Programa de Pós-Graduação em Filosofia (PPGF), da Universidade Federal do Rio de Janeiro (UFRJ), mestre no Programa de Pós-Graduação de Ensino em Educação Básica (PPGEB) da UERJ, mulher negra, professora da educação básica da Rede Municipal do Rio de Janeiro, membro do Grupo de Pesquisa em Políticas Públicas, Movimentos Sociais e Culturas (GPMC) da UFRRJ.

Andréa Fiat Lux

Nascida na cidade de Feira de Santana, Bahia, graduada em Letras (UEFS) e pós-graduada em Estudos Literários pela mesma universidade. Atua na área da educação como secretária escolar, na cidade de Amélia Rodrigues. Professora de Redação pelo cursinho preparatório Enemgrescer. Faz parte do grupo de pesquisa Gepilis (Unilab/Malês) e do grupo de teatro preto (Numtep). Em 2021 fez parte de *Carolinas*, lançada pela Flup, e da coletânea *Narrativas Negras*, organizada pelo Moviafro e pelo professor Daniel Pinto.

Anna Cristina Almeida

É escritora; comunicadora; pesquisadora da cultura afro-brasileira e criadora de conteúdo em projetos como a página "Orgulho Afro" no Instagram. Formada em Comunicação Social, pós-graduada em Gestão Estratégica de Marketing pela PUC-MG e mestranda em História, Política e Bens Culturais pelo CPDOC-FGV, possui quinze anos de experiência no ramo das Comunicações no Brasil.

Anne E B Gomes

Nascida e criada no Ceará, licenciada em História pela Universidade Estadual do Ceará, e pós-graduanda em Educação Inclusiva. Pesquisa questões étnico-raciais, com protagonismo nas vivências de mulheres negras. Neta, filha e irmã de Marias, apaixonada por ouvir, contar e viver histórias. Guiada pelas ancestrais e inspirada por mulheres negras, que ao longo da história, subiram e puxaram outras.

Aza Njeri

Professora doutora em Literaturas Africanas, pós-doutora em Filosofia Africana, pesquisadora de África e Afrodiáspora. Professora da PUC-RJ e do Instituto de Pesquisa Pretos Novos-RJ. Escritora, roteirista, multiartista, crítica teatral e literária, mãe, podcaster e youtuber.

Barbara Pimentel

É advogada e se dedica à luta pelos Direitos Humanos. Morou a maior parte de sua vida em Belford Roxo, Baixada Fluminense-RJ. Formou-se professora no ensino médio e orgulha-se pelo ofício de ensinar. Lutar por justiça é a força que move sua vida. É apaixonada por futebol e mais ainda pelo Flamengo. Além dos hábitos da escrita e da dança, encontrou na cozinha uma forma de amar.

Camila de Araujo

Nasceu em 1991, no Rio de Janeiro, onde mora. Jornalista formada pela PUC-Rio, está entre os 25 autores e autoras selecionados pelo Prêmio Rio de Contos (2020). Suas principais influências literárias reúnem Carolina de Jesus, Conceição Evaristo, James Baldwin e Rubem Fonseca.

Camilla Thaís

Piauiense de Teresina desde 1984, quando nasceu filha da dona Fátima e do Seu Sebastião. Graduada em Medicina com especialização em Psiquiatria, mora atualmente em São Paulo capital e trabalha pela defesa do SUS. Amante da literatura, da fotografia, dos jardins, e toda arte capaz de salvar um pouco desse mundo, às vezes, tão embrutecido e esquecido da sutileza da vida.

Cristiane Sobral

É carioca e vive em Brasília. Multiartista, é escritora, atriz e professora. bacharel e licenciada em Artes Cênicas e mestre em Artes (UnB). Tem dez livros publicados, o mais recente: *Amar antes que amanheça*, livro de contos pela editora Malê (RJ). Em 2019 palestrou sobre literatura negra em nove Universidades Estadunidenses, inclusive Harvard. Nesse mesmo ano, foi jurada do Prêmio Jabuti na categoria contos.

Cynthia Regina

Atriz, performer e dramaturga. Nascida em Cruzeiro-SP. Fez parte do Núcleo de Dramaturgia da Escola Livre de Santo André. Atualmente cursa direção na SP Escola de Teatro. É idealizadora e diretora da Cia Persi - Pororoca Experimental, pesquisando autoria de mulheres negras, e coordenadora do Coletivo Leitura em Movimento, projeto de incentivo à leitura na periferia da zona oeste de São Paulo.

Dani de Oyá

De Recife-PE, é mulher preta, artesã, contadora de histórias e escritora. É autora dos livros *Coco de umbigada: cultura popular como ferramenta de transformação social*, *Matriarcado e fé: a história de Mãe Fátima de Oxum* e *Onde está o Axé?* Tem licenciatura em Educação Física e especialização em Etnomusicologia pela UFPE e é bacharel em Direito pela Uninassau.

Danielle Lima

Nascida em Vila Velha/ES, reside atualmente na Chapada Diamantina. Advogada criminalista e mestra em filosofia. "Minha escrita é periférica e anda de mãos dadas com aquelas que estiveram aqui antes, peço licença e aceito as minhas contradições para que sejam ponta de lança contra as injustiças epistêmicas."

Elaine Marcelina

Nascida no Rio de Janeiro, é graduada em História, Mestre em História, escritora, professora, dramaturga e roteirista. Tem dez livros publicados, dentre eles *Mulheres incríveis* e *As coisas simples da vida*, pela Editora Nandyala (seu primeiro livro infantil).

No final de 2019, lançou a Série da Marcelina. Este ano lançou *Beata: a menina das águas*, pela Editora Malê.

Eliane D'Benguela

Doutoranda em Literatura Comparada - UFF/Niterói. Mestra em Filologia e Língua Portuguesa pela Universidade de São Paulo. Possui graduação em Letras (Língua Portuguesa/Inglesa) pela Universidade Federal de Mato Grosso do Sul (2004). Integrante do Grupo de Pesquisa GEPEGRE/UEMS. Autora do Livro: Virgin Mary - The Titles of an unique woman (Editora GlobalSouth, 2016).

Esmeralda Ribeiro

É paulistana. Jornalista, escritora e pesquisadora da literatura negra. Faz parte dos coletivos Quilombhoje e Flores de Baobá – escritoras. Edita e escreve nos Cadernos Negros. Incentiva a escrita feminina na literatura. Tem textos em antologias no Brasil e no exterior. Livros: Malungos e Milongas (conto) e Orukomi (infanto-juvenil). Instagram: @escritoraesmeraldaribeiro.

Fabiana Pereira

Cientista social, educadora e brincante das manifestações populares. Acredita na caneta que pensa os quintais, as ruas, os corpos e suas danças no mundo. É coautora das coletâneas *Vértice: escritas negras* (Malê, 2019), *Ser prazeres: transbordações eróticas de mulheres negras* (Oralituras, 2020), e d'*O livro negro dos sentidos* (2021, Mórula Editorial), do qual também é organizadora.

Fádia Rebouças

Mulher negra da periferia, nascida entre rios do Recôncavo, crescida entre os mares da cidade da Bahia e há dez anos embalada pelo encontro entre céu e horizontes do cerrado. Neta, filha, sobrinha, irmã, amiga, tia, madrinha, tia-avó, antirracista, feminista, socioambientalista, anticapitalista, aquilombada, militante, aprendiz-educadora, servidora pública, geógrafa, mestra e doutora em Geografia.

Gilda Portella

Pós-graduada em História pela UFMT, multiartista, Yalorixá, natural de Barra do Garças, 1969, vive em Cuiabá-MT há 35 anos. No silêncio da pandemia, vê sua criatividade tornar-se poesia, na certeza de que é ferramenta da justiça social, igualdade de gênero e raça. Sua inquietude na equação do autoconhecimento tem levado sua arte em coletâneas onde pulsam esses desejos.

Giselle Maria

Giselle Maria é professora de Língua Portuguesa, Espanhol e Literatura do IFRS - Campus Alvorada. É mestra em Literatura Comparada e doutora em Letras Neolatinas pela UFRJ. É autora dos livros de contos *A Estação* (Annablume, 2010) e *Aula* (Appris, 2020).

Glaucia Batista

Licenciada em História (UERJ), servidora federal, economista e especialista em Gestão Pública (UFF). "Depois de me tornar mãe atípica de dois meninos, busquei entender o meu papel na prática do ensino adaptado e leitura. Criei o perfil @humaninhosTDL." É coautora do livro *Maternidades no plural: retratos de diferentes formas de maternar*, lançado em 2021 pela Editora Fontanar.

Hyannes Souza

Nasceu no Brasil, cursou Pedagogia na Universidade Federal do Maranhão. "Comecei escrever no ano de 2009, quando sofri racismo por ser negra e ter os cabelos cacheados. Com medo de falar sobre o ato a meus pais, comecei a pesquisar por pessoas que já tinham passado pela mesma situação, até encontrar a história de Maria Firmina dos Reis, e passar a escrever sobre meus sentimentos e pensamentos."

Jaine Vieira

Professora, licenciada em Letras - Língua Portuguesa e Literaturas pela Universidade do Estado da Bahia. Negra, amante de leituras de autoria feminina negra, principalmente de autoras que visam o fortalecimento da identidade negra, amante também da vida, dos caninos e felinos, mãe-pet do eterno Marley. Curiosa, sonhadora e resistente. "Tenho os pés no chão e meu coração no céu."

Janaína Nery

Natural do RJ, mulher negra, professora antirracista da Educação Básica na rede pública estadual de ensino. Militante no movimento negro e movimento de mulheres negras. Graduada em Letras (UFF), especialista em Língua Portuguesa, em Educação à Distância e em Educação e Relações Raciais (UFF), mestra em Educação (UERJ). Publica, desde 2020, em coletâneas de literatura feminina e feminina negra.

Jaqueline Fraga

É escritora, jornalista e administradora. Apaixonada pela escrita e pelo poder de transformação que o jornalismo carrega consigo, é autora do livro-reportagem *Negra sou: a ascensão da mulher negra no mercado de trabalho*, finalista do Prêmio Jabuti 2020, e do *Big gatilho*. Pode ser encontrada nas redes sociais nos perfis @jaquefraga_ e @livronegrasou no Instagram.

Joice Barbosa da Silva

Joice Barbosa tem 25 anos, é nascida em Nilópolis e residente em Mesquita, ambos na Baixada Fluminense do RJ. É graduanda em Letras - Português/Literaturas pela UFRRJ-IM, campus Nova Iguaçu; bolsista pesquisadora das relações étnico-raciais pelo grupo PET Conexões Baixada; Integrante do Centro Acadêmico de Letras do Instituto Multidisciplinar (CALIM) na gestão Carolina Maria de Jesus e escritora.

Jucilene Nogueira

Mãe, poeta e feminista. Professora de Língua Portuguesa e Literatura Brasileira do CEFET/RJ e doutoranda em Teoria Literária pela UFRJ. É também integrante do Laboratório de Teorias e Práticas Feministas/UFRJ e do NIELM - Núcleo Interdisciplinar de Estudos da Mulher na Literatura. Pesquisadora das questões de sexualidade, raça e gênero e da poesia contemporânea brasileira escrita por mulheres.

Késia dos Anjos Rocha

"Uma pequena sertaneja do fim do mundo", vinda diretinho do interior paulista. Feminista, anticolonial e aprendiz na arte de tocar tambor, depois de um encontro afetuoso com o maracatu das Alagoas. Doutoranda em Educação na Universidade Federal de Sergipe. Vive e (des) aprende com/nas parcerias fronteiriças dos estudos feministas, queer e contracoloniais.

Keyti Souza

Apaixonada por filmes, séries e livros, se considera uma viciada que assiste mais de seis obras por semana e lê incontáveis livros. Escreve críticas de filmes, séries e livros para o site Negrê, onde destaca obras com protagonismo negro, e para o site Bitonga Travel, onde escreve dicas de viagens para mulheres negras. Desde muito jovem se apaixonou pela poesia e começou a traçar os primeiros versos.

Lara de Paula

É arqueóloga, escritora e multiartista setelagoana, mestra e doutoranda em Antropologia/Arqueologia pela UFMG. Integrou as coletâneas de contos e poesia, e em 2021 lançou seu primeiro livro solo, Nuvilíneas pela Alecrim Edições, além da HQ *Por um fio*, pela Kitembo Edições. Encara a arte, a escrita e a arqueopoesia como formas políticas de cura ancestral.

Laryssa Monteiro do Rosario

De 1995 para cá, várias Laryssas pelo caminho. Anos de condução, estradas de terra, asfaltos esburacados até chegarem aqui. Laryssas pretas, sapatonas, poetas, psicólogas. Emaranhadas num corpo sensível que transborda. "Minhas cordas vocais fingem serem feitas para amarrar palavras, por isso, escrevo."

Lindevania Martins

É maranhense, graduada em Direito, mestra em Cultura e Sociedade e mestranda em Direito Constitucional. Ex-delegada de polícia, é defensora pública da mulher e população LGBTQIA+. Escritora e palestrante, ministra oficinas de criação de texto. Venceu o 6o Prêmio CEPE de Literatura em 2021. Autora dos livros *Anônimos, Zona de Desconforto, Longe de mim e Fora dos trilhos.*

Luana Cruz

Leitora, professora da rede pública e pesquisadora de literatura afro-brasileira, atualmente cursa o doutorado em Literatura Comparada na UFRJ. Nasceu em 1984 no Rio de Janeiro, mas reside em Niterói. Publicou um conto na coletânea *Carolinas* da Flup. "Luto por uma educação antirracista e acredito que uma boa conversa pode criar pontes significativas entre as pessoas."

Magna Domingues

É escritora, professora dinamizadora de sala de leitura, psicóloga e contadora de histórias. Idealizadora do projeto "Baú Encantado", que realiza oficinas sobre narrativas negras e contações de histórias de protagonismo negro. Fundadora do Clube do livro Preta, um projeto com encontros mensais para dialogar sobre livros escritos por mulheres negras.

Mara Terranova

Filha do seu Manoel e da dona Helena, baianos de ancestralidade. Seu nome de pia é Lucimara, mas a sua parentela a chama de Lúcia. "Me tornei Mara no exercício do magistério. E Terranova ao renascer das cinzas. Tenho uma filha, a Sofia Marys, que está guardada em alguma recâmara na Nebulosa, minha família: mãe, irmãs e irmãos, cunhados, sobrinhos(as), amigos e amigas e um novo namorado."

Maria Aparecida S. Ribeiro

Mulher, negra, carioca, mãe de duas filhas. Professora da Universidade Federal de Sergipe, pesquisa leitura e escrita literárias como afirmação de direitos e literatura de mulheres negras na educação básica. Publicou *Mário de Andrade e a cultura popular* (Secret. de Cultura do Paraná, 1997), dentre outros. Organizou a coletânea *Sobre nossas avós: memória, resistência e ancestralidade* (Ed. Pontes, 2021).

Marisa Laureano

É professora da rede estadual do Rio Grande do Sul. Fez toda sua educação básica na rede pública em Alvorada (cidade onde nasceu). Fez a graduação em História na UFRGS, mestrado em História na PUCRS e doutorado em Educação na UFRGS. Pesquisa desde a graduação temas relacionados à história dos afro-brasileiros e história da África. Pesquisa também formação de professores e práticas pedagógicas.

Milena Rocha

Jornalista, roteirista e documentarista rodeada por oralidades, vivendo de experimentações nesse mundo imagético e aprendendo a curar com escritos e conexões de beira de rio.

Natalia Amoreira

Afilhada de Eliana, filha de Maria, neta de Mariza, de Maria de Lourdes, de Vera e de Benedita, bisneta de Ascendina, de Eulina, de Maria Zepherina e de Francisca, tataraneta de Dui, que não gostava de usar sapatos.

Natara Ney

Com uma longa carreira de montadora, roteirista e diretora, em 2019, dirigiu o *Espero que esta te encontre e que estejas bem*, documentário que abriu a competição de longas do Festival de Brasília. Participou em 2020 da coletânea *Carolinas*, com o conto

"Cabresto". Em 2021, dirigiu ao lado de Erika Cândido o documentário *Elza infinita*.

Noêmia Duque

Mestre em Letras pela PUC-Rio. Foi assessora de comunicação de ONGs cariocas, relatora na III Conferência Bienal da ASWAD - Association for the Study of the Worldwide African Diasporas, colaboradora da Revista *MTV Brasil*, assistente de pesquisa do projeto Memórias Periféricas da Universidade Laval, Quebec - Canadá, teve peça teatral encenada com apoio do Banco Mundial e Fundação Prince Klaus.

Oluwa Seyi

Nasceu em São Paulo na década de 1990. Possui graduação e mestrado em Letras pela USP e atualmente desenvolve pesquisa de doutorado em Letras pela mesma instituição. Tem poemas, contos e artigos publicados em revistas e antologias de diversos estados do país. Escreve desde que se recorda e não consegue se imaginar longe do lugar de produtora, apreciadora e crítica de literatura.

Prazeres Diniz

Nascida em Recife- PE em 1953. Assistente social pela Universidade de Brasília, com especialização em Psicologia Jurídica e Analista Judiciária da Secretaria Psicossocial do Tribunal de Justiça do Distrito Federal e dos Territórios (aposentada). Suas pesquisas sempre tiveram como foco o racismo, o feminismo negro e os direitos sociais.

Rafaela Barroso Araujo

Doutora em deboche epistemológico, mestra em afetos rizomáticos, graduada em entusiasmos caudalosos. Atualmente desenvolve escrevivências e práticas agridocentes com abordagem sentipensante. Uma gótica tropicalista transeunte entre a melancolia e o Carnaval.

Rafaella Telles dos Santos

Filha de mãe branca e pai preto, cientista social e mestranda em Ciências Sociais pela UFRRJ. Seu campo de interesse circula em torno das disputas que envolvem e são envolvidas pelas temáticas de violência, drogas, raça e Estado, sendo a retomada de memórias e as trajetórias de vida parte significativa do que me movimenta na escrita e na vida.

Raísa Soares Souza

Mulher, negra, mineira e psicóloga, especialista em psicologia clínica, com foco no trabalho feminista e antirracista. É apaixonada pelas palavras, que ama falar, ouvir e escrever. "Me faço no mundo através das relações, reverenciando a ancestralidade, esperançosa do futuro e entusiasmada pela descoberta que é o viver."

Renata Boniol

Produtora cultural, assessora de comunicação e docente na área de cultura e eventos. Atua há mais de quinze anos na produção de eventos culturais, elaboração de projetos e mediação de leitura. Formada em Comunicação Social pela Universidade Metodista de São Paulo e Pós-Graduada pelo CELACC - Centro de Estudos Latino-Americanos sobre Cultura e Comunicação/USP.

Renata Rocha

É pedagoga, especialista em Ensino de Histórias e Culturas Africanas e Afro-brasileiras, mestre em Educação, políticas públicas e desigualdades sociais. Integrante do grupo de pesquisa "Currículos Cotidianos: Redes Educativas Imagens e Sons" (UERJ), atua como Orientadora Educacional e pedagógica em escolas públicas na Região Metropolitana do Rio de Janeiro.

Sol de Paula

É natural de Niterói/RJ, psicóloga por formação, escritora, ativista cultural e poeta por inspiração. Autora do livro *Sol em pequenas doses*, onde apresenta a poesia feminina negra e temas relacionados ao cotidiano.

Coautora de diversas antologias poéticas. Em sua estreia na Flup RJ, dedicou sua carta de esperança à doutora Carolina Maria de Jesus, eterna Bitita.

Tainã Rosa

Professora, escritora e produtora cultural. Pedagoga especializada em Ensino de Língua Portuguesa e Literatura na Educação Básica e mestra em Letras/Literatura pela Universidade Federal do Rio Grande do Sul. Atua em diferentes projetos culturais integrando literatura, artes visuais e relações étnico-raciais.

Tâmara Milhomem

Licenciada em Letras Português pela Universidade Estadual do Piauí (2009) e doutora em Linguística Aplicada pela Universidade Federal de Minas Gerais (2018). É professora do Instituto Federal de Educação, Ciência e Tecnologia do Piauí (IFPI). Como pesquisadora, dedica-se à Linguística Aplicada, ao ensino crítico de língua materna e suas relações com as tecnologias digitais.

Tatiana Santos dos Reis

É cria da Ilha do Governador, carioca de família baiana com mineira. É pedagoga pela UERJ e professora. Gosta de escrever, de rap, literatura, música e de circular pela cidade. Participa do GEHERRIO (Grupo de Estudos de História da Educação e Religião - núcleo Rio). É mestranda na linha de Educação PROPED-UERJ, Pós-graduanda em Educação Psicomotora pelo Colégio Pedro II.

Waldete Tristão

Ekede. Escritora. Tocante de xequerê, djembé e agora dançante no Ilu Oba de Min. No chão da escola, aprendendo, reaprendendo e sempre em movimento pela infância e antirracismo. Doutora pela FEUSP, pedagoga e mestra pela PUC-SP. Professora de crianças, professora de adultos. Companheira do Gil. Mãe do Róbson Gil, por um longo desde sempre.

CARTAS SANTA CRUZ

Adriana Veridiana

Moradora do bairro Santa Cruz na zona oeste do Rio, mulher negra conhecida como Adriana Veridiana, nascida na cidade de Itaperuna, filha de Rosely dos Santos e Francisco Arantes dos Santos, neta de Maria Rodrigues, funcionária pública municipal, mãe solo do Angelo Miguel, ativista nas questões feministas e raciais, foi coordenadora da Pastoral Afro na CEB (Comunidade Eclesial de Base) Santa Veridiana. Formada em Ciências Sociais, performancista e contadora de histórias com recorte afrofeminino, atualmente é coordenadora fundadora do Coletivo As MariAmas e participa de alguns movimentos e coletivos da zona oeste do Rio de janeiro. Está sempre em busca de diálogos e alternativas que favoreçam e valorize o dom da vida.

Amanda Izaias da Silva

Neta da Joana e filha da Débora. "Sou professora de Educação Infantil, ou seja, de crianças pequenas, gosto de brincar com as palavras e é isso que tenho feito de uns tempos pra cá e acho que tem dado um pouco certo, apesar de saber que ainda tenho muito a aprender. Moro em Santa Cruz, zona oeste do Rio de Janeiro e apesar de tudo, gosto muito desse lugar. Como sempre digo esse bairro foi a primeira terra que meus pés sentiram."

Ana Carla do Nascimento Lima de Souza

"Moradora deste bairro que admiro tanto, Santa Cruz - Rio de Janeiro. Tenho um prazer enorme de participar desse curso da Flup, Cartas para Esperança, em homenagem a essas mulheres inspiradoras, maravilhosas, que fazem a diferença em suas comunidades com suas histórias de vidas prontas para ajudar o próximo. É gratificante estar envolvida nesse processo com muitas mulheres com um papel importante para nossa sociedade, de levantar a bandeira da cultura da leitura e do conhecimento."

Camila França

Vinte anos, apaixonada pela arte, nascida em Santa Cruz. Estudante de Letras na Universidade Estadual do Rio de Janeiro, professora de pré-vestibular, atriz, coordenadora do projeto "GerArte" e parceira de coletivos em Santa Cruz. Dividiu sua moradia entre Santa Cruz e Morro São Carlos – Centro do Rio, enquanto tratava Leucemia Linfoide Aguda (LLA) casa que acolhe crianças em tratamento contra o câncer (CACCST). Após presenciar o assassinado do irmão numa chacina, precisou deixar sua casa e ir para um cômodo disponibilizado por uma de suas tias. No ano de 2009, mesmo mês da morte do seu irmão, foi diagnosticada com meningite. Ainda residente de Santa Cruz, seu projeto e objetivo é levar arte, cultura e educação para crianças e jovens das comunidades de Santa Cruz.

Elza Serra

"EU SOU MULHER NEGRA,
MULHER BRASILEIRA ,
MULHER DE LUTA,
MULHER DE FÉ!"

Este potente mote sintetiza a vida desta feminista e revolucionária, amalgamando sua existência, trajetória, militância, ativismo e política.

Ela pauta sua caminhada como mãe, avó, companheira, tia, amiga, professora de profissão, historiadora de curiosa e observadora (a vida me fez assim) de olhos atentos e ouvidos aguçados e sempre, sempre muito questionadora, principalmente acerca da realidade imposta a sua volta. Incorformada com a condição de vida das mulheres, sobretudo das mulheres negras, trabalhadoras e cuidadoras incansáveis que fazem girar as engrenagens da roda da vida numa construção linear e cíclica dentro de um cenário tão adverso, que parece não ter fim!

Emanuele Ribeiro

Mulher preta, nasceu em Miracema, cidadezinha do interior do Estado do Rio de Janeiro, mas foi criada em Jardim Palmares, em Santa Cruz. Pedagoga formada pela Universidade do Estado do Rio de Janeiro (UERJ), atua como auxiliar de coordenação na associação Ser Cidadão e acredita que a educação é o caminho para construir um planeta melhor. Ama estar rodeada por livros, pois através deles consegue conhecer o mundo e novas histórias.

Glicia Lins

Atualmente é Diretora do Espaço de Desenvolvimento Infantil Medalhista Olímpica Poliana Okimoto e Facilitadora de Círculos de Construção de Paz, atuando principalmente nos seguintes temas: educação infantil, brincadeira, letramento, currículo, cotidiano, relações étnico raciais, pertencimento e identidade. Graduada em Pedagogia pela Universidade do Estado do Rio de Janeiro e História pela Universidade Federal do Estado do Rio de Janeiro.

Irineia Diolinda de Jesus

Assistente social, atua como liderança comunitária desde 1988 com programas e projetos para a população carente. Pós-graduada em Família, Infância e Adolescência e Saúde com ênfase em Nasf, destinada a entender a complexidade da família e suas doenças causadas pela pauperização. Presidente da Associação de Mulheres da Reta do Rio Grande, criadora do Comitê Pela Vida e Pela Fome em conjunto Reta do Rio Grande. Ativista na luta contra o racismo e desigualdades sociais, é membro da Coordenação Nacional de Entidades Negras (Conem).

Janda Barreto Soares

Nasceu no dia 19 de Abril de 1992, em Sepetiba, bairro da zona oeste do Rio de Janeiro. Graduada em Educação Física pela Universidade Federal do Rio de Janeiro. É Guarda Municipal da Prefeitura da Cidade do Rio de Janeiro. Conheceu a Flup por intermédio de sua companheira de trabalho, Adriana Veridiana, que a inspirou a ser quem é, uma mulher negra que lhe deu esperança.

Jess Araújo

Moradora da Vila Kennedy, graduanda em Serviço Social pela UERJ, empreendedora (JBlack Acessórios), contadora de história negra, formada pelo Grupo Cultural Vozes da África. Foi agente cultural na pesquisa Valor Cultural promovido pelo People 's Palace Projects, NECCULT, Agência e Redes da Maré, com o projeto "Beyond Exchange". Atualmente estagiária da Agência de Redes para Juventude, líder no projeto "De jovem para jovem na retomada escolar".

Joana Raphael

Coordenadora do Observatório Municipal de Promoção da Igualdade Racial de Niterói - OMPIR. Gerente da Rede Mediar - Pacto Niterói contra a violência, coordenadora do projeto Escolhas do Bem - Orientação vocacional e profissional. Assessora da Educafro Rio. Jornalista e Relações Públicas na UERJ, Orientadora Educacional e Pedagógica na UCAM. Especialista em Gestão Pública Municipal na UFF, Educação e Relações Étnico-raciais na UFF e Educação Profissional e EJA na UERJ.

Joliane Vitor Miranda

É enfermeira formada pela UFRJ, que cursou Licenciatura na mesma instituição, tendo lecionado para alunos de curso preparatório militar, trabalhado em clínica da família, serviço de saúde mental, e hospitais da zona oeste. Atualmente, mora em Campo Grande, mas nasceu e cresceu em Jardim Palmares, conhecido como "final da Avenida Brasil", ou "Quase Santa Cruz".

Keila Gomes

Moradora da zona oeste e professora da rede pública do município e estado do Rio de Janeiro, é mãe solo de duas crianças pretas, Gabriela e Caio (seus amores) e graduada em História pelo Centro Universitário Moacyr Sreder Bastos.

Amante dos tambores, triângulos, ganzás e da cultura popular, encontrou-se no movimento de empoderamento feminino chamado Baque Mulher Zona Oeste, onde se apaixonou pelo som da alfaia. Também é brincante de Coco de roda do grupo de estudo Coco da Gente. Começou a escrita como forma de esvaziar tanta ideia que existia em sua cabeça e não quer parar mais.

Larissa França

Mulher preta, periférica, moradora do extremo Oeste do Rio de Janeiro. Educadora popular e ativista na luta pela redução das desigualdades. Formada em Letras e estudante de Pedagogia, "encontrei na palavra educação o contato com o outro, afetividade e relação de troca. Nas praças, rodas e ruas rompendo com a 'história oficial', contando novas histórias e tecendo outras narrativas. Sou um corpo preto no mundo ressignificando a arte de existir".

Lidiane de Oliveira Francisco

É atriz, diretora, modelo e roteirista. Graduanda em Atuação Cênica na Universidade Estadual do Rio de Janeiro - UNIRIO. Co-fundadora e integrante do Coletivo Arame Farpado, atualmente está atuando no espetáculo "O clássico êxodo". É assistente de roteirista na sala de conteúdos Narrativas Negras da VIS - ViacomCBS.

Maria da Luz

Homenageou a professora Eunice, uma mulher negra que dedica a vida às causas sociais e vive na comunidade ajudando os necessitados que a procuram, luta pelas crianças, jovens e pelas os idosos . Tem sempre uma palavra amiga, mansa e com esperança para ajudar o próximo, ganhando assim a admiração e o respeito de todos.

Não é tarefa fácil liderar uma comunidade com tantas adversidade, mas a Eunice nasceu talentosa, mulher simples, mansa, carismática e periférica, filha do bairro dos Jesuítas, em Santa Cruz.

Nathália Augusto

Neta da dona Helena e filha da Ivone, merendeiras de escola pública. Nascida e criada dentro de escolas da Pedra de Guaratiba, zona oeste da Cidade do Rio de Janeiro. Professora de Língua Portuguesa e mestra pela UFRRJ, pesquisa sobre Literatura Negro-brasileira. "Ensino também pelas entrelinhas e pelo avesso. Gosto de ler poesia, de dançar funk e de ir à praia. Faço parte do projeto pessoal e coletivo da Educação como fórmula de mudança para o futuro."

Noronha Ynara

"Me chamo Ynaraii – sim, é por causa da música. Sou cria da ZO do Rio de Janeiro, que adora rolezar pelo Brasil contando e conhecendo histórias através do artivismo com artes visuais, pintura, lambe, poesias e uns filmezinhos produzidos de forma independente." Produtora de audiovisual e cultural, artivista em cinema de guerrilha, comunicadora social do Cultura zona oeste e Coletivo Mente Ativa e idealizadora do Vozes negrativas e M.O.V.A.

Rogeria Nascimento

Nascida na zona norte do Rio de Janeiro, mas criada no bairro de Santa Cruz, na zona oeste. Filha de mãe solteira que trabalhou a vida toda como faxineira e empregada doméstica. "Ingressei no teatro em 2004, tendo atuado em mais de quinze peças teatrais. Atualmente sou produtora de uma Cia de teatro que atua em Santa Cruz. Já trabalhei como porteira escolar, atendente de lanchonete e hoje sou formada em administração e trabalho fazendo peças de crochê sob encomenda."

Surama Luz do nascimento

Tem 53 anos e três filhas e nasceu em São Gonçalo. Filha de pais analfabetos, para os quais filha mulher só precisava saber assinar o nome, mas por iniciativa própria chegou até o 4° ano. Voltou a estudar aos trinta anos, quando se viu sozinha para criar os filhos. Fez fundamental, ensino médio e técnico enfermagem, "depois descobri que podia ir além, e aí fui estudar Letras/Inglês. Gosto de viajar, conhecer lugares, pessoas e adoro livros como *Vidas Secas*, de Graciliano Ramos, e o *Analista de Bagé* de Luiz Fernando Veríssimo. Amo minha casa e meu cantinho preferido é o meu quarto."

Sylvia Arcuri

"Bato no peito e digo: sou Sylvia Helena de Carvalho Arcuri, uma mulher comum, suburbana, umbandista, Yemanjá e Xangô regem minha cabeça. Sou apaixonada pelas palavras, pelos livros, pelas artes e pela vida. Filha, mãe, irmã, tia, professora, costureira de retalhos, aprendendo a ser escritora, o que passou a ser vital. Acredito que a Flup seja esse lugar, não só o de formação, mas de afetos singulares."

Virginia Morais

"Sou semente desabrochada em setembro, no ano internacional do livro." Pedagoga graduada pela UERJ, especialista em Literatura Infantil e Juvenil graduada pela UCAM, pós graduanda em Literatura Brasileira de Autoria Feminina, professora da educação básica das redes municipal e estadual do Rio de Janeiro, atriz amadora do ETAA (Elenco Teatral Amantes da Arte), poetisa e escritora aprendiz; mãe da Vitória, da Valquíria e do Vinicius. Moradora da zona oeste do Rio de Janeiro.

SLAM ESPERANÇA

Bruna Raphaella

"Olá, meu nome é Bruna, tenho dezoito anos e estou cursando o último ano do ensino médio. Pretendo me formar em Processos Gerenciais ou Turismo. Quero muito aprender novos idiomas e culturas. Sou a segunda filha de uma família com quatro irmãos, cresci com meus avós (Clélia e Edinewton), que gostavam muito de poesia, o que me influenciou a escrever também.

Atualmente moro com meu pai. O Slam Esperança, no qual me inscrevi por influência de meu namorado, foi uma das melhores experiências que já vivi."

Fal Cão

"O caos é um ponto de vista, às vezes pôr ele pra fora faz você enxergar que nem tudo é um fim, a paz existe, e você é um mensageiro."

Juliana Fernandes

Diretamente da região Barreiro em Belo Horizonte, é poetisa que há pouco tempo se encontrou na poesia. Há aproximadamente um ano publica suas escritas em suas redes sociais, que são sua principal ferramenta de divulgação. Atualmente participa dos primeiros projetos para realização de livros impressos e suas maiores referências são artistas do Barreiro, escola na qual conheceu os eventos de Sarau e Slam.

Karolaine Monteiro

"Meu nome é Karolaine Adriana Monteiro, eu tenho dezessete anos e sou nascida e criada na zona oeste do Rio de Janeiro. Escrevo desde que me entendo por gente, porém, comecei a escrever e me apresentar em Slam em 2019. Ali me apaixonei ainda mais pela poesia, porque Slam pra mim é sobre escrevivência, e essa é a única forma que eu sei de expor as minhas cicatrizes e passar a minha mensagem. Escrever arrepia a alma, e cada palavra escrita é um sussurro ensurdecedor de tão alto."

Stéfany Oliveira

"Me chamo Stéfany, tenho dezessete anos, nasci e fui criada em uma cidade do interior de Goiás, sou apaixonada por poesia desde pequena. Cresci e comecei a me apaixonar por desenhos. Hoje em dia penso em ser artista e espalhar toda forma de arte que sei. Desejo lançar um livro e continuar sendo digital influencer."

Victoria Oliveira

"A própria dona da castidade, Victoria Oliveira, dezoito anos de pura arrogância e lealdade."

Withamy dos Santos

Garoto moderno, artista, autêntico, mas nem tanto. Ajude uma pessoa, adote um bichinho, plante uma árvore e escreva um poema. Salvem esse planeta.

Este livro foi editado na cidade de São Sebastião do Rio de Janeiro,
e impresso em papel pólen soft 80g/m^2 pela gráfica Imagem Digital,
em janeiro de 2022. Foram usadas as fontes Dry Brush, de Levi Szekeres;
ITC Avant Garde, de ITC (The International Typeface Corporation)
e Arnhem, de Fred Smeijers.